Susanne Schermann
Ken Aihara

Lesebuch Deutsch
Neue, verbesserte Auflage

ドイツ語を読む　改訂版

Asahi Verlag

まえがき

　みなさんが手にしているドイツ語教科書『Lesebuch Deutsch　ドイツ語を読む』は、一通り基本文法などを学び終えた方に向けて、ドイツ語の美しさや豊かさをお伝えすべく、古今様々な作家の有名なテキストを精読用に集めたものです。

　この新しい改訂版は次の点で初版と異なっています：ベルンハルト・シュリンクの『朗読者』が、パトリック・ジュースキントの『香水』と置き換わっています。この変更によって私達はこの教科書をさらに首尾一貫したものにすることが出来ました。上質な文学テキストが、ツェランの『死のフーガ』とヴァイツゼッカーの『演説』の後で、第二次世界大戦への取り組みをより補強してくれるからです。上記とは別に、幾つかの細かい修正を行いました。

　基本的に、各レッスンは4ページで構成されています。
- 各レッスンの最初には、レッスンの中心となるメイン・テキストがあります。このテキストは、詳細な読解の練習のためのものです。テキストのなかで人名・地名などの固有名詞はイタリック体にしてあります。
- 日本語のあらすじは、学習するみなさんがテキストの文脈を理解する助けとなるでしょう。→ 📖
- 訳しにくい単語は一覧にまとめました。→ Wörter
- 作家の紹介文は、ざっと文章全体の内容をつかむ練習のために用意しました。その練習の際には、一語一語の理解にあまりこだわらなくてもよいでしょう。→ ☞
- 練習問題には、語彙問題、基本文法問題、テキスト内容把握という三つの基本分野練習があります。基本文法問題はすでに学習した文法事項の復習です。そして、さらに先に学習を進めることが出来そうな方のために、少し難しい文法事項に関する発展問題も用意しました。
- その後、さらに作家・作品に関する様々な情報を日本語で載せてあります。

　レッスン6とレッスン9は他と比べて短くなっていますので、通常授業でも課題でも、ご自由にお使いいただけると思います。

　テキストの難易度は様々ですが、★印の多寡でその目安を示しました。

　1から12まであるレッスンの前と後ろを、ことわざと名言で縁取りました。

　巻末文法説明は、ドイツ語文法の少し難しい部分をその都度確認し理解を深めることが出来るように構成してあります。出来るだけ、この教科書のテキストを使った説明を心がけました。

　なお、正書法は現在の慣例に合わせました。また、現代の文法に合わせるため、オリジナルのテキストにわずかながら変更を加えた箇所があります。

　この教科書を作ることは、私達にとってとても楽しい体験でした。それを、この教科書を使うみなさんに少しでも感じていただければ、これ以上の喜びはありません。

　『Lesebuch Deutsch』と共に、「ドイツ語を読む」楽しさを味わいましょう！

相原　剣
スザンネ・シェアマン

Vorwort

Das vorliegende *Lesebuch Deutsch* wendet sich an Lerner, welche die deutsche Grundgrammatik bereits absolviert haben. Es vereint bekannte Texte von verschiedensten Autoren, in denen wir die Schönheit und Reichhaltigkeit der deutschen Sprache vermitteln möchten.

Die neue, verbesserte Auflage unterscheidet sich in folgenden Punkten von der Erstauflage: Bernhard Schlinks *Der Vorleser* ersetzt den Text von Patrick Süskind. Dadurch erreichen wir eine größere Stringenz, denn nach Celans *Todesfuge* und Weizsäckers Rede ergänzt ein literarischer Text höchster Qualität die Auseinandersetzung mit dem Zweiten Weltkrieg. Abgesehen davon wurde nur einige kleine Korrekturen vorgenommen.

Die Lektionen sind im Prinzip wie folgt aufgebaut:
- Jede Lektion besteht aus einem Haupttext, der für das detaillierte Lesen gedacht ist. Eigennamen im Haupttext sind *kursiv* wiedergegeben.
- Eine Inhaltsangabe auf Japanisch erleichtert dem Lernenden, den Auszug im Kontext zu verstehen. →
- Schwierig zu übersetzende Wörter sind aufgelistet. → Wörter
- Die Kurzbiographien der Autorinnen und Autoren sind für das globale Lesen gedacht, bei dem nicht jedes Wort verstanden werden muss. →
- Die Übungen bestehen aus Wortschatz, Grammatik und Textverständnis; für fortgeschrittenere Lerner ist noch eine zweite, etwas schwierigere Grammatikübung vorgesehen.
- Auf Japanisch folgen dann noch verschiedenste Informationen zum Text.

Zwei Lektionen sind kürzer: Lektion sechs und neun sind nur zweiseitig und können beliebig – im normalen Unterricht als auch als Hausaufgabe – eingesetzt werden.

Der Schwierigkeitsgrad der Texte ist unterschiedlich und wird durch die Anzahl der Sterne ★ angegeben. Umrahmt werden die Lektionen am Anfang und am Ende mit Sprichwörtern und Zitaten.

Ein Anhang zur Grammatik erlaubt es, die schwierigeren Teile der deutschen Grammatik zu wiederholen und dadurch zu festigen.

Die Rechtschreibung und Zeichensetzung wurde den heutigen Gepflogenheiten angepasst, manchmal wurde auch die Grammatik behutsam verändert.

Es hat uns großen Spaß gemacht, dieses Buch zu machen, und wir hoffen, daß beim Lesen ein wenig davon spürbar ist.

Viel Spaß und Erfolg mit *Lesebuch Deutsch*!

Susanne Schermann

Ken Aihara

凡　例（ Wörter ）

自	自動詞	et²	etwas（物）の 2 格
他	他動詞	et³	etwas（物）の 3 格
形	形容詞	et⁴	etwas（物）の 4 格
副	副詞	j³	jemandem（人）の 3 格
複	複数	j⁴	jemanden（人）の 4 格
		sich³	再帰代名詞の 3 格
		sich⁴	再帰代名詞の 4 格

◆ 名詞に関しては、特に 名 といった表示を入れずに、定冠詞 1 格を付与することにより性を示した。

◆ テキスト中で副詞として機能しているものに関しても、形容詞が副詞転用されている語に関しては、基本的に 形 と表示した。

◆ 巻末の文法説明に当該箇所の説明がある場合には、適宜（→ S. 47）といった表示で参照ページを示した。ただし、当該レッスンに対応する文法説明ページに、その事項の説明がある場合には、その表示を適宜省いた。

◆ 一般的なものと異なる意味で使用されている場合には、特に「ここでは：」という表示をし、当該テキストで使用されている意味を明らかにしている。

本教科書の音声を、下記ウェブサイトにて聴くことができます。

http://text.asahipress.com/free/german/Lesebuch_Deutsch_2019/

Inhalt

Sprichwörter 01	はじめに Zu Beginn	ドイツ人の思想 Wie denken die Deutschen?	★☆☆☆
Brief 02	レッスン 1 Lektion 1	モーツァルトとリルケの手紙 Briefe von W. A. Mozart und Rainer Maria Rilke	★☆☆☆
Märchen 06	レッスン 2 Lektion 2	グリム兄弟『蛙の王様』 Jakob und Wilhelm Grimm: *Der Froschkönig*	★★☆☆
Kinderbuch 10	レッスン 3 Lektion 3	ヨハンナ・シュピリ『アルプスの少女ハイジ』 Johanna Spyri: *Heidis Lehr- und Wanderjahre*	★★☆☆
Gedicht 14	レッスン 4 Lektion 4	ライナー・マリア・リルケ『秋の日』 Rainer Maria Rilke: *Herbsttag*	★☆☆☆
Briefroman 18	レッスン 5 Lektion 5	ヨハン・ヴォルフガング・フォン・ゲーテ『若きウェルテルの悩み』 Johann Wolfgang von Goethe: *Die Leiden des jungen Werthers*	★★★☆
Sprichwörter 22	レッスン 6 Lektion 6	ことわざと名言とアフォリズム Sprichwörter, Zitate, Aphorismen	★★☆☆
Jugendliteratur 24	レッスン 7 Lektion 7	オトフリート・プロイスラー『クラバート』 Otfried Preußler: *Krabat*	★★★☆
Erzählung 28	レッスン 8 Lektion 8	フランツ・カフカ『変身』 Franz Kafka: *Die Verwandlung*	★★★☆
Gedicht 32	レッスン 9 Lektion 9	パウル・ツェラン『死のフーガ』 Paul Celan: *Todesfuge*	★★☆☆
Rede 34	レッスン 10 Lektion 10	リヒャルト・フォン・ヴァイツゼッカー『1985年5月8日の演説』 Richard von Weizsäcker: *Rede vom 8. Mai 1985*	★★☆☆
Roman 38	レッスン 11 Lektion 11	ベルンハルト・シュリンク『朗読者』 Bernhard Schlink: *Der Vorleser*	★★★★
Novelle 42	レッスン 12 Lektion 12	トーマス・マン『ヴェニスに死す』 Thomas Mann: *Der Tod in Venedig*	★★★★
Sprichwörter 46	おわりに Zum Abschluss	ことわざ Sprichwörter	★☆☆☆
Anhang 47	巻末文法説明 Zusammenfassung Grammatik		

KRABAT by Otfried Preussler
© 1981 Thienemann Verlag GmbH

Paul Celan, Mohn und Gedächtnis
© 1952, Deutsche Verlags-Anstalt, München, in der Verlagsgruppe Random House GmbH

Japanese edition published by arrangement through The Sakai Agency

---

from Bernhard Schlink *Der Vorleser*
© 1995, 1997 Diogenes Verlag AG Zurich, Switzerland
All rights reserved

ZU BEGINN

Wie denken die Deutschen?

Deutsche Sprichwörter　ドイツのことわざ

① Übung macht den Meister.

② Wo ein Wille ist, ist auch ein Weg.

Zitate von berühmten Deutschen　有名なドイツ人の名言

③ Gott würfelt nicht.
　　　　　　　(*Albert Einstein*, Physiker, 1879-1955)

④ Das Sein bestimmt das Bewusstsein.
　　　　　　　(*Karl Marx*, Philosoph, 1818-1883)

⑤ Wo viel Licht ist, ist starker Schatten.
　　　　　　　(*Johann Wolfgang von Goethe*, Schriftsteller, 1749-1832)

⑥ Habe Mut, dich deines eigenen Verstandes zu bedienen.
　　　　　　　(*Immanuel Kant*, Philosoph, 1724-1804)

Sprichwörter

Wörter

wo	関係副詞（→ S. 60）	**das Bewusstsein** (bewusst + das Sein)	意識、自覚
der Wille (→ wollen)	意思、意志、意向	**sich⁴ et² bedienen**	…を使う、用いる
das Zitat	名言、引用文	**eigen**	形 自分自身の
würfeln	自 サイコロを振る	**der Verstand** (→ verstehen)	理解力、理性
das Sein (→ sein)	存在、実在、現存	**habe**	命令（→ S. 56）
bestimmen	他 ～を決定する、定める		

LEKTION 1

1 *Wolfgang Amadeus Mozart* an seinen Vater zu dessen Geburtstag (1777)

Brief

Allerliebster Papa!

Ich kann nicht poetisch schreiben; ich bin kein Dichter. Ich kann die Wörter nicht so künstlich einteilen, dass sie Schatten und Licht geben; ich bin kein Maler. Ich kann sogar durchs Deuten und durch Pantomime meine Gesinnungen und Gedanken nicht ausdrü-
5 cken; ich bin kein Tänzer. Ich kann es aber durch Töne; ich bin ein Musiker. Ich werde auch morgen eine Gratulation für den Geburtstag von *Cannabich* auf dem Klavier spielen.

Für heute kann ich nichts als Ihnen alles vom ganzen Herzen wünschen, was ich Ihnen alle Tage morgens und abends wünsche: Gesundheit, langes Leben und ein fröhliches Gemüt. (...)

10 Nun leben Sie recht wohl; ich bitte Sie recht untertänig, mich noch ein bisschen lieb zu haben. (...) Ich küsse dem Papa 1000mal die Hände, und verbleibe bis in den Tod

Mon très cher Père (Mein sehr verehrter Vater)

gehorsamster Sohn
Wolfgang Amadé Mozart

Mannheim, am 8. November 1777

Wörter

dessen	指示代名詞2格（→ S. 59）
so ~ dass ...	とても～なので（その結果）…、…するくらい～（dass 文は結果を表す）
ein|teilen	他 ～を配分する、やりくりする
das Deuten (→ deuten)	指で指すこと、見せること
die Pantomime	身振り、パントマイム
die Gesinnung	考え方、信念、心根
was	不定関係代名詞（→ S. 67）
das Gemüt	心情、情緒、気質
recht	副 とても、かなり
wohl	副 元気で、健康に
Leben Sie wohl!	御機嫌よう！
untertänig	形 卑屈な
dem Papa	所有の3格（→ S. 63）
verbleiben	自 いつまでも…のままである（手紙の結尾文で）
verehrt (→ verehren)	形 敬愛する（過去分詞）

Übungen

1. 手紙から、-lich（2つ）、-isch（1つ）、-ig（1つ）で終わる形容詞を取り出し、語幹となる単語の意味を調べなさい。

    ＊例：gemütlich → gemüt+lich → das Gemüt 心情、情緒　　形容詞の構成（→ S. 72）

2. 以下の文章の定動詞には一重下線、助動詞構文の場合の本動詞には二重下線を引き、枠構造を示しなさい。さらに、文章中の名詞もしくは代名詞が何格であるかを、語の直後にある [ ] 内に数字で記入しなさい。

    ＊ドイツ語の文章を読む際には、定動詞と主語を確認し、枠構造がある場合にはそれを見極めること。さらに名詞、代名詞の格を明らかにして文章構造を正確に掴むこと。

    Ich kann nicht poetisch schreiben; ich bin kein Dichter [ ]. Ich kann die Wörter [ ] nicht so künstlich einteilen, dass sie [ ] Schatten und Licht geben; ich bin kein Maler. Ich kann sogar durchs Deuten [ ] und durch Pantomime meine Gesinnungen [ ] und Gedanken nicht ausdrücken; ich bin kein Tänzer. Ich kann es aber durch Töne; ich bin ein Musiker.

3. テキストの内容と合致していれば○、そうでなければ×を入れなさい。

    1) (　) Mozart möchte Tänzer werden.
    2) (　) Mozarts Vater hat Geburtstag.

　作曲家のヴォルフガング・アマデウス・モーツァルト（1756-1791）は、35年の人生のおよそ三分の一を旅路で過ごし、家族との間に膨大な書簡を残しています。特に、同じ作曲家であった父親のレオポルド（1719-1787）には多くの手紙を書きました。手紙の文章では、数々の造語や冗句、鏡文字などが駆使され、句読法も奔放です。

　手紙の内容は、時に下ネタに脱線することもあるほどで、特に仲が良く、彼が Bäsle（従妹ちゃん）と呼ぶ2歳年下の従妹マリア・アンナ・テークラ・モーツァルトには、頻繁に糞尿や放屁に関する手紙を書き送っています。そこでは、悪戯好きでやんちゃな天才モーツァルトのユーモアセンスが遺憾なく発揮されており、語呂合わせや同語反復が多用され、韻を踏むために意味の無い単語（下線部）が挿入されていたりします。

　　Ich habe das Schreiben erhalten falten.　私は手紙を受け取り（しわ取り）ました。
　　Wir sind auch recht gesund Hund.　私達もとても健康（犬公）であります。

★ さらにモーツァルトに興味を持ったら・・・

映画『アマデウス』監督：ミロシュ・フォアマン（1984年・米）
『モーツァルトのベースレ書簡を読む』ヨーゼフ・ハインツ・アイブル／ヴァルター・ゼン＝編著、須永恆雄＝訳（シンフォニア、1984年）

2 *Rainer Maria Rilke* an den Dichter *Franz Xaver Kappus* (1903)

Brief

Paris, am 17. Februar 1903

Sehr geehrter Herr,

Ihr Brief hat mich erst vor einigen Tagen erreicht. (…) Sie fragen, ob Ihre Verse gut sind. Sie fragen mich. Sie haben vorher andere gefragt. Sie senden sie an Zeitschriften. Sie vergleichen sie mit anderen Gedichten, und Sie beunruhigen sich, wenn gewisse Redaktionen Ihre Versuche ablehnen.

Nun (da Sie mir gestattet haben, Ihnen zu raten) bitte ich Sie, das alles aufzugeben. Sie sehen nach außen, und das vor allem dürften Sie jetzt nicht tun. Niemand kann Ihnen raten und helfen, niemand.

Es gibt nur ein einziges Mittel: Gehen Sie in sich. Erforschen Sie den Grund, der Sie schreiben heißt; prüfen Sie, ob er in der tiefsten Stelle Ihres Herzens seine Wurzeln ausstreckt, gestehen Sie sich ein, ob Sie sterben müssten, wenn es Ihnen versagt würde zu schreiben. Dieses vor allem: fragen Sie sich in der stillsten Stunde Ihrer Nacht: *muss* ich schreiben?

Wörter

der Versuch (→ versuchen)	試み	prüfen	他 ～を検査する
auf|geben	他 ～を断念する	die Wurzel	（植物の）根
dürften	dürfen の接続法 II 式（→ S. 62）	ein|gestehen	他 ～を白状する、認める
niemand	不定代名詞（→ S. 54）	versagen	他 ～を拒絶する、断る
in sich⁴ gehen	反省する、自分の本音をきく	müssten	müssen の接続法 II 式（→ S. 61）
der Grund	理由、根拠	würde	werden の接続法 II 式（→ S. 61）
heißen	ここでは：他（不定詞と共に）～に（…することを）命じる	dieses	指示冠詞（→ S. 66）

Lesebuch Deutsch

📖 手紙の差出人

　ライナー・マリア・リルケはドイツ語の詩人・作家。1875年プラハ（オーストリア・ハンガリー帝国領、現在はチェコ）生まれ、1926年スイスにて没。リルケはその生涯に多くの旅行をしているが、ベルリン、パリ、ミュンヘンには長く住んでいる。その詩作により広く知られるが、小説やその他の分野にも才能を発揮した。フランツ・クサーファ・カプスとの文通は、リルケの死後カプスによって出版された。

📖 手紙の受取人

　フランツ・クサーファ・カプスはドイツの作家・ジャーナリスト。1883年ティミショアラ（オーストリア・ハンガリー帝国領、現在はルーマニア）生まれ、1966年ベルリンにて没。1903年に、当時19歳の青年カプスは初めてリルケに手紙を書き送ったが、この手紙はそれに対するリルケの返信の一部である。
　文通でリルケの指南を受けたカプスは、結局詩人にはならず、ジャーナリストになった。

Übungen

1. モーツァルトとリルケの手紙から、形容詞の最上級4つを抜き出し、その原級を書きなさい。
   ＊比較級や最上級が、付加語的に名詞を修飾する場合、原級と同じように語尾変化を伴うことに注意。

   モーツァルトの手紙から
   a) 最上級 _____　原級 _____
   b) 最上級 _____　原級 _____

   リルケの手紙から
   c) 最上級 _____　原級 _____
   d) 最上級 _____　原級 _____

2. 以下の文章の定動詞には一重下線、助動詞構文の場合の本動詞には二重下線を引き、枠構造を示しなさい。さらに、文章中の名詞もしくは代名詞が何格であるかを、語の直後にある [ ] 内に数字で記入しなさい。
   ＊助動詞構文では、助動詞が定動詞となる。副文では定動詞が後置される。よって助動詞構文が副文となっている場合、副文の文末は、本動詞→助動詞（すなわち定動詞）の順となる。

   Prüfen Sie, ob er in der tiefsten Stelle [ ] Ihres Herzens [ ] seine Wurzeln [ ] ausstreckt, gestehen Sie sich ein, ob Sie sterben müssten, wenn es Ihnen [ ] versagt würde zu schreiben. Dieses vor allem: fragen Sie sich in der stillsten Stunde Ihrer Nacht [ ]: muss ich schreiben?

3. テキストの内容と合致していれば○、そうでなければ×を入れなさい。

   1) (　) Rilke antwortet auf den Brief eines Malers.
   2) (　) Kappus möchte Schriftsteller werden.

LEKTION 2

Jakob und Wilhelm Grimm:

Der Froschkönig (1810)

Die jüngste Tochter des Königs ging hinaus in den Wald und setzte sich an einen kühlen Brunnen. Darauf nahm sie eine goldene Kugel und spielte damit, als diese plötzlich in den Brunnen hinabrollte. Sie sah, wie sie in die Tiefe fiel, und war sehr traurig.

Auf einmal streckte ein Frosch seinen Kopf aus dem Wasser und sprach: »Warum klagst du so sehr?« »Ach, du garstiger Frosch« antwortete sie, »du kannst mir doch nicht helfen. Meine goldene Kugel ist in den Brunnen gefallen.« Da sagte der Frosch: »Wenn du mich nach Haus mitnehmen willst, so will ich dir deine goldene Kugel wieder holen.«

Und als sie es versprochen hatte, tauchte er unter und kam bald, die Kugel im Maul, wieder in die Höhe und warf sie an Land. Da nahm die Königstochter eilig ihre Kugel wieder und lief eilig fort und hörte nicht auf den Frosch, der ihr nachrief, sie solle ihn mitnehmen, wie sie ihm versprochen hatte.

Und als sie nach Haus kam, setzte sie sich an die Tafel zu ihrem Vater, und wie sie eben essen wollte, klopfte es an die Tür und rief: »Königstochter, jüngste, mach mir auf!« Und sie eilte hin und sah, wer es war, da war es der hässliche Frosch, und sie warf eilig die Tür wieder zu. Ihr Vater aber fragte, wer da sei, und sie erzählte ihm alles. Da rief es wieder: »Königstochter, jüngste, mach mir auf!« Und der König befahl ihr, dem Frosch aufzumachen, und er hüpfte herein.

Dann sprach er zu ihr: »Setz mich zu dir an den Tisch, ich will mit dir essen.« Sie wollte es aber nicht tun, bis es der König auch befahl. Und der Frosch saß an der Seite der Königstochter und aß mit.

Und als er satt war, sprach er zu ihr: »Bring mich in dein Bettlein, ich will bei dir schlafen.« Das wollte sie aber durchaus nicht, denn sie fürchtete sich sehr vor dem kalten Frosch. Aber der König befahl es wiederum, da nahm sie den Frosch und trug ihn in ihre Kammer.

Voll Zorn fasste sie ihn und warf ihn mit aller Gewalt an die Wand in ihrem Bett. Wie er aber an die Wand kam, so fiel er herunter in das Bett und lag darin als ein junger, schöner Prinz. Da legte sich die Königstochter zu ihm.

📖 Inhaltsangabe

　物語の後半部、翌朝目覚めた王女と王子の元に、若い王子の忠実な従者ハインリッヒが、羽飾りを付けた金色に輝く八頭立ての馬車で迎えに来る。主人である王子が魔法によって蛙にされた時、ハインリッヒはとても嘆き悲しみ、自分の胸に三本の鉄の箍（たが）を巻き付けた。もしその箍がなければ、悲しみで彼の胸は張り裂けてしまっていたと言う。王女と共に自分の国へ帰る道すがら、王子は馬車が壊れたかのような大きな音を三度聞く。それはハインリッヒの胸を締め付けていた心の痛みがつまった箍が一つ一つ弾け飛ぶ音だった。主人が魔法から救われ幸せになったハインリッヒには、それはもう必要がないからだ。この顛末から、この物語は、別名『鉄のハインリッヒ』とも呼ばれている。

Wörter

die Kugel (→ der Kugelschreiber)	球、鞠
diese	指示冠詞（→ S. 66）
hinab|rollen	圓 下に転がる
die Tiefe (→ tief)	奥、深いところ
strecken	他 〜を突き出す
klagen	圓 嘆く
garstig	形 醜い、汚らしい
in die Höhe (→ hoch)	上に
an Land	陸に
solle	sollen の接続法 I 式（→ S. 55）
die Tafel	食卓、テーブル
klopfen	（非人称的に）ノックの音がする
sei	sein の接続法 I 式（→ S. 55）
herein|hüpfen	圓 中にぴょんぴょん跳んで行く
das Bettlein	das Bett の縮小形（→ S. 51、71）
voll Zorn	激昂して
mit aller Gewalt	全力で

▶ Jakob und Wilhelm Grimm

Jakob (1785-1863) und Wilhelm (1786-1859) Grimm sind für ihre Märchensammlung weltberühmt. Sie begannen 1806, Märchen aus schriftlicher und mündlicher Tradition zu sammeln und aufzuschreiben. 1812 veröffentlichten sie die erste Märchensammlung, die *Kinder- und Hausmärchen* hieß. Die Märchen werden jetzt oft *Grimms Märchen* genannt. Diese Sammlung wurde sehr populär, und schon 1823 gab es eine englische Ausgabe. Die Brüder Grimm arbeiteten zeitlebens als Sprachwissenschaftler.

Der Froschkönig

Übungen

1. 前綴り hin-（ここから離れてあちらへ向かう動きを表す）および her-（こちらへ向かって近づいてくる動きを表す）で始まる動詞を5つ抜き出し、訳しなさい。前綴りが前置詞と一緒になって、さらに具体的な方向を表しているものがあるので注意。

   ＊口語では、「r＋前置詞」の形になることが多い。その場合、rein, raus, rüber, runter などとなる。

   a) hin........................ b) hin........................ c) hin........................
   d) her........................ e) her........................

2. 次の文章を、直説法現在、現在完了に書き換えなさい。

   ＊直説法現在に書き換えるときは、動詞の現在人称変化に注意。現在完了に書き換えるときは、枠構造をしっかりと意識すること。

   1) Er lag darin als ein junger, schöner Prinz.
      直説法現在 ....
      現在完了 ....

   2) Da legte sich die Königstochter zu ihm.
      直説法現在 ....
      現在完了 ....

3. テキストの内容と合致していれば○、そうでなければ×を入れなさい。

   1) (   ) Die Königstochter hat Angst vor dem kalten Frosch.
   2) (   ) Die Königstochter wirft ihre goldene Kugel mit aller Gewalt an die Wand in ihrem Bett.
   3) (   ) Obwohl der Frosch die goldene Kugel wieder holt, bricht die Königstochter ihr Versprechen.

発展問題　接続法Ⅰ式（→ S. 55）

以下の直接話法の文章を、間接話法で言い換えなさい。
　手順1：会話文の代名詞の人称を間接話法の発話者の立場からのものに改める。
　手順2：定動詞を接続法に変える。定動詞は副文の最後に置く。
　手順3：コンマで主文に接続させる。なお、平叙文は従属の接続詞 dass を、疑問詞のある疑問文は疑問詞を、疑問詞の無い疑問文は従属の接続詞 ob を用いる。

1) Sie sagte: „Ich bin heute zu Hause."
   彼女は、「私は今日家にいます」と言った。

2) Mozart sagte : „Ich kann meine Gedanken durch Töne ausdrücken."
   モーツァルトは、「私は自分の考えを音で表現することが出来る」と言った。

3) Der König fragte den Frosch: „Was isst du gern?"
   王様は蛙に、「お前は何を食べるのが好きか？」と問うた。

4) Er fragte sich: „Muss ich schreiben?"
   彼は自分に、「私は書かねばならぬか？」と問うた。

童話『蛙の王様』（タイトルは「王様」ですが、物語の中では「王子」と表記されます）には、様々なヴァージョンがあります。収録した『蛙の王様』は1810年初稿の文章です。このお話は、1857年の決定版まで、特に冒頭部分が装飾的になり徐々に長くなっていきますが、初版以降、常にグリムのメルヘン集の最初に置かれています。原題を Der Froschkönig oder der eiserne Heinrich 『蛙の王様あるいは鉄のハインリッヒ』といい、後半に魔法が解けた王子を迎えに来る召使のハインリッヒが登場しますが、いささか唐突に登場する彼の存在は、版によっては削除されています。

ディズニーの映画『プリンセスと魔法のキス』（2009）は、このグリム童話にインスパイアされたE・D・ベイカーによるジュブナイル小説『カエルになったお姫様』を基にしたもので、原典のグリム童話も、映画冒頭の劇中話として登場します。

数あるグリムのメルヘンのなかでも謎めいた『蛙の王様』には、様々な解釈があります。特に、スイスの心理学者カール・グスタフ・ユングが始めた分析心理学では神話やメルヘンの研究が重要な位置を占めており、『蛙の王様』に登場する事物についても様々な分析が行われています。解釈の一例として、このストーリーが処女から「女」になるという女性のイニシエーション（通過儀礼）を描いているというものがあります。深い井戸に落ちる金の鞠が象徴するセクシャルなイメージや、男性を前にした処女の躊躇を、蛙という未知の存在に対する不安で表現しているといったものです。

ストーリーの展開で特に解釈が難しいのが、自分を助けてくれた蛙を王女が壁に投げつけるところでしょうか。そのためか、壁に投げつけて魔法が解けるのではなく、キスによって魔法が解けるという版が19世紀後半から現れます。蛙は王女に、一緒にテーブルにつくことやベッドに入ることを要求しますが、ドイツ語では Tisch und Bett teilen（テーブルとベッドを分け合う）は、「夫婦」もしくは「夫婦同様の関係」であることを意味します。その重大さを考えれば、王女の行動にも納得がいくかもしれません。

『蛙の王様』3コママンガ

★ グリム童話の奥深い世界へ・・・

『グリム童話の世界―ヨーロッパ文化の深層へ』高橋義人（岩波新書、2006年）
『昔話の深層 ユング心理学とグリム童話』河合隼雄（講談社＋α文庫、1994年）
『グリム童話―メルヘンの深層』鈴木晶（講談社現代新書、1991年）

LEKTION 3

Johanna Spyri:

Heidis Lehr- und Wanderjahre (1880)

Nachdem die *Dete* verschwunden war, hatte der *Öhi* sich wieder auf die Bank hingesetzt und blies nun große Wolken aus seiner Pfeife; dabei starrte er auf den Boden und sagte kein Wort. Derweilen schaute das *Heidi* vergnüglich um sich, entdeckte den Geißenstall, der an die Hütte angebaut war, und guckte hinein. Es war nichts darin.

5 Das Kind setzte seine Untersuchungen fort und kam hinter die Hütte zu den alten Tannen. Da blies der Wind durch die Äste so stark, dass es sauste und brauste oben in den Wipfeln. *Heidi* blieb stehen und hörte zu.

Als es ein wenig stiller wurde, ging das Kind um die kommende Ecke der Hütte herum und kam vorn wieder zum Großvater zurück. Als es diesen noch in derselben Stellung erblickte, wie es ihn verlassen hatte, stellte es sich vor ihn hin, legte die Hände auf den Rücken und betrachtete ihn.

Der Großvater schaute auf. »Was willst du jetzt tun?« fragte er, als das Kind immer noch unbeweglich vor ihm stand.

»Ich will sehen, was du drinnen hast, in der Hütte« sagte *Heidi*.

15 »So komm!«, und der Großvater stand auf und ging voran in die Hütte hinein.

»Nimm dort dein Bündel Kleider noch mit« befahl er im Hereintreten.

»Das brauch' ich nicht mehr« erklärte *Heidi*.

Der Alte kehrte sich um und schaute durchdringend auf das Kind. *Heidis* schwarze Augen glühten in Erwartung der Dinge, die da drinnen sein konnten. »Es kann ihm nicht an
20 Verstand fehlen« sagte er halblaut. »Warum brauchst du's nicht mehr?« setzte er laut hinzu.

»Ich will am liebsten gehen wie die Geißen, die haben ganz leichte Beine.«

»So, das kannst du, aber hol das Zeug« befahl der Großvater, »es kommt in den Kasten.«

Lesebuch Deutsch

📖 Inhaltsangabe

　生れてすぐ父母を亡くしたハイジは5歳のときに、叔母デーテにより、アルプスの高原で暮らす祖父の元へあずけられる（テキストの場面）。祖父は人嫌いで、ハイジを学校にも通わせなかったが、アルム（アルプス地方の牧草地）の自然を気に入ったハイジは、祖父や羊飼いのペーターと共に楽しい日々を過ごす。しかし、ハイジが8歳のとき、再びデーテによって、フランクフルトの富豪ゼーゼマン家に送られる。この地でハイジは、車椅子で生活する一人娘クララの遊び相手として暮らす。クララと仲良くなったハイジは、文字も習得する。しかし、アルムの山が恋しくなったハイジは山に戻る。

Wörter

das Heidi	本来 Heidi は女性名詞だが、ここでは中性。	das Bündel	束、包み、荷物（ここでは単位として Kleider と同格的に機能している）
der Öhi	ハイジのお祖父さんの呼称。	die Kleider	複 衣類、衣服
derweilen	副 その間に	Hereintreten	動詞の名詞化（→ S. 70）
um sich⁴ schauen	あちこちあたりを見回す	brauch'	= brauche
die Geiß	山羊（雌）	der Alte	形容詞の名詞化（→ S. 68）
der Stall	家畜舎	du's	= du es
hinein|gucken	他 〜を覗き込む	mehr	（否定の語に続けて）もはや…（でない）
stehen|bleiben	自 立ち止まる		
ein wenig	少しだけ、少しは	das Zeug	がらくた、衣服
kommend	形 次の（現在分詞→ S. 70）	der Kasten	箪笥
derselbe	指示代名詞（→ S. 57）		

▶ Johanna Spyri

Johanna Heusser wurde 1827 in der Nähe von Zürich geboren. Sie arbeitete als Lehrerin. 1852 heiratete sie den Juristen und Redakteur Bernhard Spyri (1821-1884), einen Freund des Komponisten Richard Wagner. Auf Anregung eines Bekannten begann Spyri zu schreiben. Ihre erste Erzählung erschien 1871. 1880 veröffentlichte sie das Buch *Heidis Lehr- und Wanderjahre*, das ein großer Erfolg wurde. Johanna Spyri schrieb insgesamt 48 Erzählungen. Sie starb 1901 in Zürich.

Übungen

1. 以下の前綴りを持つ分離動詞をテキストから抜き出し、基礎動詞部分を（　　　）に入れなさい。

   ＊分離動詞は、分離する前綴りと基礎動詞から成る。分離する前綴りは常にアクセントを持つ。主文の定動詞として用いる場合、前綴りは分離して文末に置かれる。

   a) hin (　　　　　　　)　　b) an (　　　　　　　)
   c) fort (　　　　　　　)　　d) zu (　　　　　　　)
   e) herum (　　　　　　　)　　f) zurück (　　　　　　　)
   g) hin (　　　　　　　)　　h) auf (　　　　　　　)
   i) auf (　　　　　　　)　　j) mit (　　　　　　　)
   k) um (　　　　　　　)　　l) hinzu (　　　　　　　)

2. 次の文章を、かっこ内の指示に従って書き換えなさい。

   ＊1)は分離動詞を過去分詞にする練習、2)は過去分詞になっている分離動詞を定動詞に戻す練習、3)は副文内の定動詞が分離動詞の場合の練習。

   1) Der Großvater stand auf. （現在完了に）
   　　…………………………………………………………………………………………………

   2) Der Öhi hatte sich wieder auf die Bank hingesetzt. （直説法現在に）
   　　…………………………………………………………………………………………………

   3) Das Kind setzte seine Untersuchungen fort. （従属接続詞 als に導かれた副文に）
   　　…………………………………………………………………………………………………

3. テキストの内容と合致していれば○、そうでなければ×を入れなさい。

   1) (　　) Heidi bleibt stehen und hört dem Wind zu.
   2) (　　) Der Öhi sitzt auf der Bank und raucht Pfeife.
   3) (　　) Heidis Kleider kommen in den Stall.

発展問題　命令（→ S. 56）

かっこ内の指示に従って書き換えなさい。
＊現在人称変化2人称単数・3人称単数で語幹のeがiに変音する動詞に注意。

1) Kommen Sie schnell!　　　　　　　　　　（親称 du に対する命令に）
2) Nehmen Sie den Regenschirm mit!　　　　（親称 ihr に対する命令に）
3) Gib mir bitte den Brief!　　　　　　　　（敬称 Sie に対する命令に）
4) Sei bitte ruhig!　　　　　　　　　　　　（敬称 Sie に対する命令に）
5) Helft mir!　　　　　　　　　　　　　　　（親称 du に対する命令に）

純粋でいつも元気なハイジが、見かけは無愛想だけれど本当は心優しいお祖父さんやペーター、クララ達とのふれあいのなかで成長していくこの物語は、何度も映像化されています。特に、演出を高畑勲が務め宮崎駿が場面設定と画面構成を担当したアニメ『アルプスの少女ハイジ』（1974）は、当時まだ日本のアニメでは珍しかった現地ロケを行って作られ、原作の魅力を非常によく伝えるものとなっています。アルペン・ホルンとヨーデルで始まる主題歌が印象的なこのアニメシリーズは、アジアをはじめヨーロッパ、南米など世界中で愛され多くの言語の吹き替え版が作られました。ハイジが棒の先に付けたチーズを暖炉の火で炙ってとろーり溶かしてパンにのせて食べるシーン（アルプスの名物料理ラクレット）に憧れた方も多いのではないでしょうか。小説版のハイジは、ハイジがフランクフルトからアルムの山に帰るところで終わっています。アニメ版でも描かれたその後の物語は、続編のものです。

スイス・アルプスの風景

美しいアルプスの自然とフランクフルトでハイジが出会う文化の対比がこの物語では大きなテーマになっています。ハイジはフランクフルトで都会の文化と教育を知ることになります。一方、クララはアルプスの大自然のなかで、再び自らの脚で立つことが出来るようになります。

ハイジ第一部の原題は、教養小説（Bildungsroman）の古典として有名なゲーテの『ヴィルヘルム・マイスターの修業時代 Wilhelm Meisters Lehrjahre』（1796）と続編『ヴィルヘルム・マイスターの遍歴時代 Wilhelm Meisters Wanderjahre』（1821）からインスパイアされたものとなっています。教養小説とは、様々な出来事を経て主人公の内面的成長を描くドイツ小説の典型的構造であり、トーマス・マンの『魔の山』（1924）をはじめ、後の少年漫画やアニメに至るまでの物語（ナラティブ）の原型と言えるでしょう。

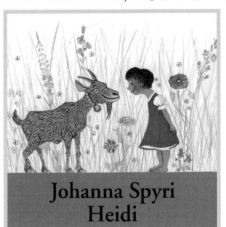

スイス最古の街クール（Chur）にほど近いマイエンフェルト（Maienfeld）にハイジとお祖父さんが暮らしたアルムの山のモデルになったオクセンベルク（Ochsenberg）があります。ここにある実際の山小屋が物語の舞台となっています。ハイジが冬を過ごしたロッフェルス（Rofels）には、現在ハイジハウス（ハイジ博物館）があり、その暮らしぶりを偲ぶことが出来ます。

★ 実写版のハイジも見てみましょう！

『ハイジ アルプスの物語』（スイス・ドイツ、2015年）監督：Alain Gsponer、ハイジ役：Anuk Steffen
『ハイジ』（イギリス、2005年）監督：Paul Marcus、ハイジ役：Emma Bolger
『ハイジ』（西ドイツ・スイス、1977-1978年）監督：Flaadt / Hess、ハイジ役：Katia Polletin
『ハイジ』（オーストリア、1965年）監督：Werner Jacobs、ハイジ役：Eva Maria Singhammer

LEKTION 4

Rainer Maria Rilke:

Herbsttag (1902)

Herr: es ist Zeit. Der Sommer war sehr groß.

Leg deinen Schatten auf die Sonnenuhren,

und auf den Fluren lass die Winde los.

Befiehl den letzten Früchten voll zu sein;

gib ihnen noch zwei südlichere Tage,

dränge sie zur Vollendung hin und jage

die letzte Süße in den schweren Wein.

Wer jetzt kein Haus hat, baut sich keines mehr.

Wer jetzt allein ist, wird es lange bleiben,

wird wachen, lesen, lange Briefe schreiben

und wird in den Alleen hin und her

unruhig wandern, wenn die Blätter treiben.

Lesebuch Deutsch

韻について

詩歌で使用される韻（Reim）とは、同一または類似の音を繰り返し用いることである。この詩の第2節のs-**ein**とW-**ein**のように、詩行末のアクセントのある音とそれに続く部分が同一（もしくは類似）で韻を踏んでいる場合、これを脚韻（Endreim）と言う。脚韻には、A-A-B-Bの対韻（Paarreim）、A-B-A-Bの交叉韻（Kreuzreim）、この詩の第2節で使われているA-B-B-Aの抱擁韻（umarmender Reim）がある。

この詩の詩節の行数は一定ではなく、最初の節は3行、第2節は4行、最終節は5行となっている。それ故、不規則な押韻構造が生じる。最初の節では、groß と los が韻を踏んでいるが、Sonnenuhren は詩行末の語と韻を踏んでいない無韻詩行である。ただし、三行目のFlurenという語が似た響きを持っている。

第2節は、伝統的なA-B-B-Aの抱擁韻である。sein は Wein と韻を踏み、Tage は jage と韻を踏んでいる。第3節の脚韻は、A-B-B-A-Bという珍しいもので、mehr と her が韻を踏み、bleiben と schreiben と treiben が韻を踏んでいる。

Wörter

der Herr	ここでは：神	**wer**	不定関係代名詞（→ S. 58）
los|lassen	他 〜を解き放つ	**sich**	再帰代名詞の3格
südlicher (→ südlich, der Süden)	南方の（比較級の絶対的用法）	**keines**	不定数詞（→ S. 65）
hin|drängen	他 〜を押しやる	**bleiben**	自（名詞・代名詞の1格もしくは形容詞と）いつまでも…のままである
die Vollendung (→ voll, das Ende)	完成、完璧さ	**hin und her**	あちらこちらへ
jagen	他 〜を追い込む	**treiben**	自 漂う

Rainer Maria Rilke

Rainer Maria Rilke wurde 1875 in Prag (Österreich-Ungarn, heute: Tschechien) geboren und starb 1926 in der Schweiz. Er reiste viel, unter anderem nach Russland und Italien, und lebte längere Zeit in Berlin, Paris und München.

Neben zahlreichen Gedichtsammlungen publizierte er auch Schriften zu Kunst und Literatur sowie einige Prosawerke, darunter den Roman *Die Aufzeichnungen des Malte Laurids Brigge* (1910). Seine Briefe sind ebenfalls berühmt, vor allem die *Briefe an einen jungen Dichter* (1903-1908).

Rilke wird auch heute noch von vielen Künstlern verehrt; am bekanntesten ist wohl Lady Gagas Tätowierung eines Rilke-Zitats.

Herbsttag

Übungen

1. 以下の造語を、2つの語に分解して意味を考えなさい。

    *ドイツ語は非常に造語能力に富む言語と言える。以下は2つの名詞が結合した例。名詞の性は末尾の語によって決定される。名詞の構成（→ S.71）

    1) der Herbsttag
    2) die Zeitschrift
    3) die Sonnenuhr
    4) der Fußweg
    5) die Gedichtsammlung
    6) das Bauernhaus

2. 以下の能動文を受動文に、受動文を能動文に書き換えなさい。

    *能動文の4格目的語（他動詞の目的語）を主語とするのが受動文。受動文で動作主を表す場合は、前置詞 von（行為の主体）もしくは durch（手段、媒体）を用いる。

    1) Werther liebt Lotte.
    2) Dieses Buch wird von niemandem gekauft.
    3) Rilke wird von vielen Künstlern verehrt.
    4) Der Briefwechsel wurde von ihm veröffentlicht.
    5) In Österreich spricht man Deutsch.
    6) Der Endreim wird verwendet.

3. テキストの内容と合致していれば○、そうでなければ×を入れなさい。

    1) (　) Im Herbst baut man Häuser.
    2) (　) Im Herbst werden die Früchte reif.
    3) (　) Der Sommer war lang und warm.

発展問題　不定関係代名詞 wer（→ S. 58）

不定関係代名詞と指示代名詞を使った次の文を訳しなさい。

* Wer jetzt kein Haus hat, der baut sich keines mehr. の wer は不定関係代名詞、der は指示代名詞。

1) Wer jetzt einen Computer kauft, (der) bekommt einen Drucker gratis.
2) Wer rastet, (der) rostet.
3) Wer zuerst kommt, (der) mahlt zuerst.
4) Wer zuletzt lacht, (der) lacht am besten.
5) Wer nicht sehen will, dem hilft keine Brille.
6) Wem Gott ein Amt gibt, dem gibt er auch den Verstand dazu.
7) Wem man den kleinen Finger gibt, der nimmt oft die ganze Hand.

谷川俊太郎が「ぼくもいつかリルケみたいに／本物のバラの刺に指をさされて…（詩集『世間知ラズ』より）」と、かつて綴ったように、繊細で憂いを帯びた詩人、病弱で薔薇と孤独を愛する詩人、そのような今では骨董品のようにも見える、ある意味ステレオタイプな詩人のイメージを形づくったのが、二十世紀ドイツ最大の詩人と称されるこのリルケかもしれません。

　彫刻家のロダンに心酔したリルケは、『ロダン論』を書くために1902年パリを訪れ、家族や友人と離れ、外国人として絶望的なまでの孤独を味わいます。小説『マルテの手記』にも描かれたその「孤独」をこそ、自らの創作の源泉としたリルケは、後の数々のクリエイティヴなアーティストの範となりました。特にレディー・ガガは、Lektion 1 に収録した „prüfen Sie, ob er in der tiefsten Stelle Ihres Herzens seine Wurzeln ausstreckt" から始まる『若き詩人への手紙』の一節のタトゥーを左腕に入れているほどです。

　リルケ・プロジェクトという、ドイツ語圏の俳優やミュージシャンによるリルケの詩の再評価の試みも2001年から行われています。ここには、ハンナ・シグラやゼイビア・ナイドゥといった有名俳優やポップ・ミュージシャンの他、ドイツ語版『千と千尋の神隠し』（Chihiros Reise ins Zauberland）で湯婆婆の声をあてたパンク歌手のニナ・ハーゲンも参加しています。

　ニュー・ジャーマン・シネマの旗手として知られるヴィム・ヴェンダース監督の代表作『ベルリン・天使の詩』（Der Himmel über Berlin, 1987）も、リルケの詩に触発されたものです。邦題が示すように「詩」が重要な要素となるこの映画の冒頭では、脚本を手がけたオーストリアの作家ペーター・ハントケの詩『わらべうた』（Lied vom Kindsein）が、非常に印象的に朗読されています。

　リルケは、日本の詩人にも大きな影響を与えています。とりわけ、『風立ちぬ』で知られる堀辰雄などの「四季派」の詩人達はリルケから多くのことを学びました。初期の安部公房もリルケに強い影響を受けた一人です。「戦争の哲学」しか知らない世代に属する公房は、「ガラス細工のようなリルケの世界」に耽溺することで、ようやく戦中を耐えることが出来たのだと、エッセイ「リルケ」（1967）のなかで述懐しています。

　一方で、リルケもまた日本文化に興味を持ち、特に俳句からは多くのインスピレーションを得ました。「HAÏ-KAÏ」（俳諧）というタイトルでフランス語の三行詩も作っているほどで、リルケ晩年の短詩形式にもその影響が窺えます。以下は、自身の遺言によってリルケの墓碑に刻まれた詩です。

Rose, oh reiner Widerspruch,
　　　　　　　Lust,
Niemandes Schlaf zu sein
　　　　　unter soviel
Lidern

薔薇、おお純粋な矛盾よ、
　　　　　喜び、
誰の眠りでもないという
　　　　かくも多くの
瞼の下で

リルケの墓碑

★　さらにリルケの詩の世界に触れてみましょう！

新・世界現代詩文庫〈10〉『リルケ詩集』神品芳夫=編訳（土曜美術社出版販売、2010年）
『晩禱 ―リルケを読む』志村ふくみ（人文書院、2012年）

LEKTION 5

Johann Wolfgang von Goethe:

Die Leiden des jungen Werthers (1774)

Am 26. Mai.

Ungefähr eine Stunde von der Stadt liegt ein Ort, den sie *Wahlheim* nennen. Die Lage an einem Hügel ist sehr interessant, und wenn man oben auf dem Fußweg aus dem Dorf hinausgeht, übersieht man auf einmal das ganze Tal.

5   Eine gute Wirtin, die freundlich und munter ist, schenkt Wein, Bier, Kaffee aus; und wunderschön sind zwei Linden, die mit ihren Ästen den kleinen Platz vor der Kirche bedecken, der von Bauernhäusern, Scheunen und Höfen eingeschlossen ist. So vertraulich, so anheimelnd habe ich nicht oft ein Plätzchen gefunden, und dahin lasse ich mein Tischchen aus dem Wirtshaus bringen und meinen Stuhl, trinke meinen Kaffee da und lese meinen
10 *Homer*.

Das erste Mal, als ich durch einen Zufall an einem schönen Nachmittag unter die Linden kam, fand ich das Plätzchen einsam. Es waren alle im Feld; nur ein Knabe von ungefähr vier Jahren saß auf der Erde und hielt ein etwa halbjähriges, zwischen seinen Füßen sitzendes Kind mit beiden Armen an seine Brust. (...)

15 Mich vergnügte der Anblick: ich setzte mich auf einen Pflug und zeichnete die brüderliche Stellung. Ich fügte den Zaun, ein Scheunentor und einige gebrochene Wagenräder bei, die hintereinander zu sehen waren. Nach einer Stunde fand ich, dass ich eine sehr interessante Zeichnung gemacht hatte, ohne das Mindeste von mir selbst hinzuzutun. Das bestärkte mich in meinem Vorsatz, mich künftig allein an die Natur zu halten. Sie allein ist
20 unendlich reich, und sie allein bildet den großen Künstler.

📖 Inhaltsangabe

　とある町で法学を志す若きウェルテルは、豊かな自然に恵まれた村ヴァールハイムを訪れ、これまでに体験したことのない生の充実を感じる（テキストの場面）。町に戻ったウェルテルは、ある日招かれた舞踏会で、法官の娘ロッテと出会う。弟妹の面倒をみるロッテの美しさに、ウェルテルはたちまち恋に落ちる。ロッテの方も憎からず想っている節があり、彼女にはアルベルトという婚約者がいることを知りつつも、ウェルテルは連日ロッテの家に通い詰める。ほどなくアルベルトが旅から帰還する。アルベルトは、自分の婚約者に横恋慕するウェルテルを友人として受け入れる。愛情と友情の狭間で悩むウェルテルは、ロッテを忘れるために別の町で官職に就くが、形式的な官僚主義に染まった世界に溶け込めない。職を辞したウェルテルは再びロッテの元へ戻るが、既に彼女はアルベルトと結婚しており、ウェルテルの想いは受け入れられない。そして、深夜12時の鐘の音とともに、ウェルテルはピストルの銃口を自らに向ける。

Wörter

nennen	他（目的語4格の他にさらに4格をとり）～を～と名付ける、呼ぶ	sein ... zu 不定詞	…され得る、…されねばならない（受動的表現）
man	不定代名詞（→ S. 54)	das Mindeste	形容詞 minder（より少ない、よりわずかな）の最上級の名詞化
auf einmal	突然		
munter	形 快活な		
der Hof	農場、農家		→ ohne das Mindeste ... zu 不定詞
vertraulich	形 親しみやすい、打ち解けた		何も…することなく、何一つ…することなく
anheimelnd	形 居心地が良い、アットホームな（現在分詞→ S. 70）（→ das Heim）	sich⁴ an et⁴ halten	…を拠所にする、尊重する
		allein	副 ただ…だけ
das erste Mal	初めて（副詞的4格→ S. 69)	bilden	他 養成する、形成する

📖 Johann Wolfgang von Goethe

Johann Wolfgang von Goethe (1749-1832) gilt als der bedeutendste Dichter deutscher Sprache. Er schrieb nicht nur Gedichte, Dramen und Romane, sondern befasste sich auch mit naturwissenschaftlichen Themen. Sein Roman *Die Leiden des jungen Werther(s)* (1774) machte ihn berühmt. Sein bekanntestes Werk ist die Tragödie *Faust*, das wohl meistzitierte Werk der deutschen Literatur. Goethes Gedichte wurden sehr oft vertont. Franz Schubert komponierte die Musik für rund 80 Gedichte; besonders berühmt sind das *Heideröslein* und der *Erlkönig*.

Übungen

1. 次の単語の元となる単語を指摘しなさい。
   *かっこ内の品詞を参考にすること。

   1) die Lage （動詞）　　2) der Anblick （動詞）　　3) gebrochen （動詞）

   ....　　..........................　　..........................

   4) sitzend （動詞）　　5) bestärken （形容詞）　　6) unendlich （名詞）

   ....　　..........................　　..........................

2. 以下の文の zu 不定詞の用法と同じものをそれぞれ A～E のなかから選びなさい。

   A. 主語として　　　　　　　　　例) Einen Ausflug zu planen macht Spaß.
   B. 目的語として　　　　　　　　例) Ich finde es gut, einen Ausflug zu machen.
   C. 名詞への付加語として　　　　例) Ich habe keine Lust, einen Ausflug zu machen.
   D. 副詞類として　　　　　　　　例) Ich nehme einen Tag frei, um einen Ausflug zu machen.
   E. zu 不定詞 + sein〈受動的表現〉例) Der Ausflug ist genau zu planen.

   1) Den Homer **zu lesen** ist Werthers Vergnügen.
   2) Ich hatte eine sehr interessante Zeichnung gemacht, ohne das Mindeste von mir selbst **hinzuzutun**.
   3) Das bestärkte mich in meinem Vorsatz, mich künftig allein an die Natur **zu halten**.
   4) Ich fügte einige gebrochene Wagenräder bei, die hintereinander **zu sehen** waren.
   5) Werther bat, einen Tisch auf den Platz **zu bringen**.

3. テキストの内容と合致していれば○、そうでなければ × を入れなさい。

   1) (　　) Der Ort Wahlheim liegt an einem Hügel.
   2) (　　) Auf dem großen Platz vor der Kirche steht eine Eiche.
   3) (　　) Werther setzt sich auf einen Pflug. Nach einer Stunde fängt er zu zeichnen an.

発展問題　定関係代名詞（→ S. 59、60）

次の２文を、前文が主文に、後文が副文になるように、関係代名詞もしくは関係副詞で１文に結合しなさい。
*関係文は副文の一種であるから、関係文中の定動詞は後置される。場所を表す語を先行詞とする場合、可能であれば関係副詞 wo（→ S. 60）を用いる。

1) Ein Knabe hielt ein anderes Kind an seine Brust. Der Knabe saß auf der Erde.

2) Werther wohnte in dem Dorf. Das Dorf heißt Wahlheim.

3) Werther hat einen schönen Platz gefunden. An dem Platz will er Homer lesen.

4) Auf dem Fußweg übersieht man das ganze Tal. Der Fußweg führt aus dem Dorf hinaus.

書簡体小説は、17世紀に出版された『ポルトガル文』を先駆とするもので、ジーン・ウェブスターの『あしながおじさん』（1912）や夢野久作の『瓶詰の地獄』（1928）などがこの形式をとっています。『若きウェルテルの悩み』も、主人公ウェルテルが友人ヴィルヘルムに手紙で心情を告白するという書簡体小説です。主人公の名前の「ウェルテル」という表記は、最初に翻訳された明治時代に一般的であった舞台発音的なドイツ語に倣ったものといえます。舞台ドイツ語（Bühnendeutsch）は、19世紀末にテオドール・ジープスが確立したもので、大きな舞台でも明瞭に聞き分けられるように、語末のrが母音化しないといった特徴があります。

Wilhelm Amberg 画『ゲーテの「ウェルテル」の朗読』（1870 年）

漫画『ベルセルク』の主人公ガッツを彷彿させる隻腕の中世騎士ゲッツを題材に戯曲『鉄腕ゲッツ・フォン・ベルリヒンゲン』を書き終えた23歳のゲーテは、とある町で、お菓子メーカー・ロッテの社名の由来である当時15歳の少女シャルロッテと出会い、恋に落ちます。しかし彼女は友人ケストナーと婚約中であることが判明し、ゲーテは失恋します。シャルロッテへの想いを断ち切ることが出来ず、悶々とする日々を送るなか、たまたま友人のピストル自殺の知らせが届きます。ゲーテは、彼の死と自らの失恋に想を得て、僅か一ヶ月で「疾風怒濤（Sturm und Drang）」を代表するこの作品を書き上げました。

実体験に基づいたこの小説は、ヨーロッパ中で一大センセーションを巻き起こします。熱狂は過熱し、青色の燕尾服、黄色のベスト、褐色の長靴という作中のウェルテル同様の格好でその最期を模倣する若者が現れたといいます。1974年、社会学者のデイビット・フィリップスは、ニューヨークタイムズに載った自殺記事の分析を通して、著名人の自殺が広く報道されることによって、その著名人と年齢性別等の類似点を持つ層の自殺が劇的に増加するという現象を報告し、この模倣自殺の連鎖を「ウェルテル効果（Werther-Effekt）」と名付けました。メディアの報道によって引き起こされる「ウェルテル効果」は現在でも世界的な問題となっています。1980年代に地下鉄で自殺する人が増加したオーストリア・ウィーンでは、世界に先駆けて自殺報道に関するガイドラインを提示して自殺率を激減させました。

様々な顔を持っていたゲーテは、政治家としてはワイマール公国の要職に就き、自然科学者としては大著『色彩論』を遺しました。ゲーテの「花は葉の変形したものである」という植物変形論は、最新の分子生物学の成果によって現在改めて脚光を浴びています。

ゲーテは、今もなお、アクチュアルであり続けています。

★　さらに興味を持ったら・・・

映画『ゲーテの恋　〜君に捧ぐ「若きウェルテルの悩み」〜』監督：フィリップ・シュテルツェル（ドイツ、2010 年）
『科学する詩人ゲーテ』石原あえか（慶應義塾大学出版会、2010 年）
『ワイマルのロッテ（上下巻）』トーマス・マン＝著、望月市恵＝訳（岩波文庫、2002 年）

LEKTION 6

Sprichwörter, Zitate, Aphorismen

Sprichwörter

① Blinder Eifer schadet nur.
② Was ich nicht weiß, macht mich nicht heiß.
③ Nichts wird so heiß gegessen, wie es gekocht wird.

Zitate und Aphorismen

④ Es irrt der Mensch, solang er strebt. (*Johann Wolfgang von Goethe*, Schriftsteller, 1749-1832)
⑤ Wege entstehen dadurch, dass man sie geht. (*Franz Kafka*, Schriftsteller, 1883-1924)
⑥ Manche Hähne glauben, dass die Sonne ihretwegen aufgeht.
　　　(*Theodor Fontane*, Schriftsteller, 1819-1898)
⑦ Ohne Musik wäre das Leben ein Irrtum. (*Friedrich Nietzsche*, Philosoph, 1844-1900)
⑧ Das Meer ist keine Landschaft, es ist das Erlebnis der Ewigkeit.
　　　(*Thomas Mann*, Schriftsteller, 1875-1955)
⑨ Auch die Pause gehört zur Musik. (*Stefan Zweig*, Schriftsteller, 1881-1942)
⑩ Aufgabe von Kunst heute ist es, Chaos in die Ordnung zu bringen.
　　　(*Theodor Adorno*, Philosoph, 1903-1969)
⑪ Der Mensch erfand die Atombombe, doch keine Maus der Welt würde eine Mausefalle konstruieren. (*Albert Einstein*, Physiker, 1879-1955)

Wörter

② was	不定関係代名詞 was (→ S. 67)	gehen	ここでは：他動詞的
heiß | machen	他 〜を熱くする、怒らせる	ihretwegen	ここでは：彼らのために
④ es	後続の語句を先取りする es	der Irrtum (→ irren)	誤り、間違い
irren	自 間違える、判断を誤る		
streben	自 努力する、得ようと努める	die Mausefalle	ねずみ捕り

Übungen

1. テキストの内容と合致していれば○、そうでなければ ×を入れなさい。

   1) (　) Man müsse die alten Wege gehen, glaubt Kafka.
   2) (　) Nietzsche war ein großer Musikliebhaber.
   3) (　) Die Erfindung der Atombombe sei eine Dummheit gewesen, sagt Einstein.

発展問題　接続法II式（→ S. 61）

(　)内の不定詞を適切な接続法II式の形にしなさい。
＊条件文のwenn を省略した場合、定動詞は文頭。

1) Wenn ich mehr Geld (haben), (werden) ich in die Schweiz reisen.
   もっとお金があれば、スイスに旅行するんだが。
2) (haben) er damals Zeit gehabt, (sein) er nach Japan gefahren.
   あのとき時間があったらならば、彼は日本に行っていただろうに。
3) Wenn man Ordnung in die Kunst bringen (wollen), (werden) die Kunst verschwinden.
   芸術に秩序を持ち込もうとすれば、芸術は消え去ってしまうだろう。
4) Ich (werden) das nicht sagen.
   私だったら、そうは言わないだろう。
5) Wenn die Sonne nicht (aufgehen), (geben) es kein Leben auf der Erde.
   太陽が昇らなければ、地上の生命は存在しないところだ。

Sprichwörter

諺 (Sprichwort) の言い回しには、その国の文化や思想が色濃く表れます。例えば、「船頭多くして船山に登る」は、ドイツ語では、Viele Köche verderben den Brei.（コックが多いと粥は台なしになる）と言います。覚えやすくするために、韻を踏んでいることも多くあります（②はその例）。

　ある文学作品のなかの一つの言葉が多くの人に使われ、それがやがて名言（Zitat）となります。なかには出典が忘れ去られるほど多く流通し、いつの間にかことわざとなるものもあります。ゲーテの戯曲『ファウスト』からは多くのことわざが生まれました。一方、短く鋭い表現で真理をつくアフォリズム（Aphorismus）は、幾重にも蓄積され放たれた思考の断片です。精緻な描写でベルリンの市民生活をアイロニカルに描いたテオドール・フォンターネは、次のようなアフォリズムも残しています。

　Ein guter Aphorismus ist die Weisheit eines ganzen Buches in einem einzigen Satz.
　（良いアフォリズムは、たった一文で本一冊分の知恵となる。）

★　さらに、興味を持ったら・・・

『ドイツ名句事典』池内紀＋恒川隆男＋檜山哲彦=編（大修館書店、1996年）

LEKTION 7

Otfried Preußler:

Krabat (1971)

Von Dorf zu Dorf fragte *Krabat* sich weiter. Der Wind trieb ihm Schneekörner ins Gesicht, alle paar Schritte musste er stehenbleiben und sich die Augen wischen. Im *Hoyerswerdaer* Forst verlief er sich, brauchte zwei volle Stunden, bis er die Straße nach *Leippe* wiederfand. So kam es, dass er erst gegen Abend sein Ziel erreichte.

5 *Schwarzkollm* war ein Dorf wie die anderen Heidedörfer: Häuser und Scheunen in langer Zeile zu beiden Seiten der Straße, tief eingeschneit; Rauchfahnen über den Dächern, dampfende Misthaufen, Rindergebrüll. Auf dem Ententeich liefen mit lautem Gejohle die Kinder Schlittschuh.

Vergebens hielt *Krabat* Ausschau nach einer Mühle. Ein alter Mann, der ein Bündel Reisig trug, kam die Straße herauf: den fragte er.

»Wir haben im Dorf keine Mühle« erhielt er zur Antwort.

»Und in der Nachbarschaft?«

»Wenn du *die* meinst...« Der Alte deutete mit dem Daumen über die Schulter. »Im *Koselbruch* hinten, am *Schwarzen Wasser*, da gibt es eine. Aber...«

15 Er unterbrach sich, als habe er schon zu viel gesagt.

Krabat dankte ihm für die Auskunft, er wandte sich in die Richtung, die ihm der Alte gewiesen hatte. Nach wenigen Schritten zupfte ihn wer am Ärmel; als er sich umblickte, war es der Mann mit dem Reisigbündel.

»Was gibt's?« fragte *Krabat*.

20 Der Alte trat näher, sagte mit ängstlicher Miene: »Ich möchte dich warnen, Junge. Meide den *Koselbruch* und die Mühle am *Schwarzen Wasser*, es ist nicht geheuer dort...«

Einen Augenblick zögerte *Krabat*, dann ließ er den Alten stehen und ging seines Weges, zum Dorf hinaus. Es wurde rasch finster, er musste achtgeben, dass er den Pfad nicht verlor, ihn fröstelte. Wenn er den Kopf wandte, sah er dort, von woher er kam, Lichter auf-
25 schimmern: hier eines, da eines.

Ob es nicht klüger war umzukehren?

»Ach was« brummte *Krabat* und klappte den Kragen hoch.

»Bin ich ein kleiner Junge? Ansehen kostet nichts.«

Lesebuch Deutsch

📖 Inhaltsangabe

舞台はドイツ東部ザクセン州のホイエルスヴェルダ近郊。14歳の孤児の少年クラバートは、仲間の少年二人と浮浪生活を送っていた。ある晩見た夢に導かれてクラバートは水車場を目指す（テキストの場面）。そこでは、厳しい親方のもと11人の少年達が粉挽き職人として暮らしていた。12番目の仲間として見習いとなったクラバートは、そこが親方から魔法を習う魔法学校であることを知る。一年目の修行を終える大晦日の晩、クラバートが最も信頼していた職人頭のトンダが突然死んでしまう。そして、空いた席を埋めるように新しい見習いがやってくる。二年目になると、職人に昇格したクラバートは魔法も上達し、復活祭の前の晩に美しい歌声の少女に恋をする。親方が毎年大晦日にひとりの職人を自分の身代わりとして大親方に差し出して不老を保ってきたことを知ったクラバートは、親方の後継者指名を断り、ひそかに対決の機会を窺う。三年目の大晦日、クラバートと少女の愛が、親方に打ち勝つ。

Wörter

weiter|fragen	自 続けて尋ねる	einen Augenblick	副詞的4格（→ S. 69）
	→ここでは：再帰代名詞 sich⁴ と共に「（自分が	stehen|lassen	他 ～を放っておく
	もっと先に進めるように）続けて尋ねる」の意	zu	（位置・所在）…において（hinaus 等と共
alle paar Schritte	副詞的4格（→ S. 69）		に出入りの場所「…から」を表す古い表現）
die Zeile	並び、列、連なったもの	seines Weges gehen	我が道を行く
nach j³(et³) Ausschau halten		es fröstelt j⁴ / j⁴ fröstelt	（～が）寒さで震える
	…の出現を待ちうけて見張る	auf|schimmern	自 かすかに光り始める
wer	誰か、ある人	ach was	（ためらいを振り切って行
näher|treten	自 いっそう近くへ歩みよる		動する時に）なんだっ！
nicht geheuer	不気味な、薄気味悪い		

▶ Otfried Preußler

Otfried Preußler wurde 1923 im deutschsprachigen Reichenberg (Tschechoslowakei) geboren. 1942 wurde er zum Kriegsdienst eingezogen. 1944 geriet er in sowjetische Kriegsgefangenschaft und wurde erst 1949 freigelassen. Seine Familie war nach dem Krieg aus ihrer Heimat vertrieben worden und lebte nun in Bayern.

Preußler wurde Volksschullehrer und schrieb nebenbei Hörspiele und Kinderbücher. Er hat insgesamt 32 Kinder- und Jugendbücher geschrieben, die nicht nur in Deutschland sehr erfolgreich sind, sondern auch in über 50 Sprachen übersetzt wurden. Preußler starb 2013 in Süddeutschland.

Übungen

1. 以下の造語を、2つの語に分解して意味を考えなさい。
   *二つの語が結合する場合、元の語が変形することがある。名詞の構成（→ S. 71）

   1) die Rauchfahne   2) das Schneekorn   3) das Heidedorf
   4) das Rindergebrüll   5) der Ententeich   6) das Reisigbündel
   7) der Misthaufen   8) der Schlittschuh

2. 以下の文章を、従属の接続詞もしくは関係詞を取り除き、独立した2文に分けなさい。
   *副文内は定動詞後置となっているので注意。関係文を独立した文にする際には、先行詞を見極め、関係代名詞の格に注意すること。

   1) Ein alter Mann, der ein Bündel Reisig trug, kam die Straße herauf.
   2) Als er sich umblickte, war es der Mann mit dem Reisigbündel.
   3) Er wandte sich in die Richtung, die ihm der Alte gewiesen hatte.

3. テキストの内容と合致していれば○、そうでなければ×を入れなさい。

   1) (　) Krabat findet die Mühle sofort.
   2) (　) Krabat fragt einen jungen Mann mit einem Reisigbündel nach dem Weg.
   3) (　) Schwarzkollm ist ein normales Dorf.

発展問題　所有の3格（→ S. 63）

以下の文を所有の3格に注意して訳しなさい。
*Lektion 1 の文 Ich küsse dem Papa 1000mal die Hände の dem Papa は所有の3格と呼ばれる用法。3格が身体の部位の所有者を表す。

   1) Er wäscht dem Kind die Haare.
   2) Er wäscht sich die Haare.
   3) Sie sieht ihm in die Augen.
   4) Er klopft dem Studenten auf die Schulter.

発展問題　接続法II式（外交的接続法、als ob）（→ S. 62）

日本語の意味になるように、かっこ内の語を並び替えて、接続法II式を使ったドイツ語の文章を作りなさい。
*コンマやプンクト等は適宜補うこと。便宜上、かっこ内の語は文頭の語も小文字書きになっている。als ob の ob を省略した場合の語順に注意。動詞は不定詞で記してあるので、適切な形に改めること。

   1)「じゃがいもを1キロ頂きたいのですが。」(ein Kilo, gern, ich, Kartoffeln, haben)
   2)「窓を開けていただけますか？」(bitte, das Fenster, können, öffnen, mir, Sie)
   3)「彼女はあたかも病気であるかのように見える。」(als, aus|sehen, krank, ob, sein, sie, sie)
   4)「彼女はあたかも病気であるかのように見える。」(als, aus|sehen, krank, sein, sie, sie)

蜜をなめるみたいに甘くはない（kein Honiglecken）…一見、子供向けの童話にも見える『クラバート』は、プロイスラーが実に11年もの歳月をかけて、生地リベレツ（現在はチェコ、ドイツ語地名はReichenberg）にほど近い、ドイツとポーランドにまたがるラウジッツ地方の古い伝説を下敷きにして編み上げたダーク・ファンタジーです。リベレツは、ドイツ人とチェコ人が混在していたズデーテン地方の中心都市であり、汎ゲルマン主義と汎スラヴ主義が衝突するナチズムの発火点でもありました。物語の舞台となるラウジッツ地方は、ザクセン選帝侯であったアウグスト強健王支配下の18世紀初頭には、ヨーロッパの覇権を巡ってスウェーデンとの間で争われた北方大戦争と天然痘の流行によって非常に荒廃していました。主人公のクラバートはこの地で生まれたヴェンド人とされています。「ヴェンド人（Wende）」という言い回しは、元々は特定の民族・集団を指す言葉ではなく、ゲルマン系の民族の居住地周辺に住むスラブ系の人達を指すドイツ語に由来します。

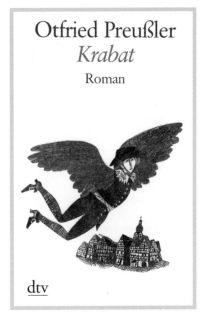

実体としては、クラバートはこの地に居住するスラブ系少数民族のソルブ語を話すソルブ人と考えられます。両親を天然痘で亡くしたクラバートは、一時ドイツ人の牧師に引き取られますが、その牧師によって強制される正しく清潔なドイツ的生活と標準ドイツ語に息苦しさを覚え、牧師の家を出奔します。その後、東方の三博士の仮装で物乞いをして生活していたクラバートが見た、「シュヴァルツコルムの水車場に来い！」と呼びかける11羽のカラスの夢から物語は始まります。

　『クラバート』には、かつては褐炭（旧東ドイツのエネルギー産業を支えた低品位の石炭）で栄えたラウジッツ地方の素晴らしい自然と、主顕節から復活祭を経てクリスマスに至るキリスト教の祭事と並んで、物語の鍵となる少女をクラバートが見初める復活祭前夜の「合唱」に象徴されるヴェンド（ソルブ）人の豊かな文化や風習が見事に描き込まれています。現在、シュヴァルツコルム村にはクラバートの働いた水車場（KRABAT-Mühle）が再現されており、実際に製粉やソルブの文化を体験することが出来ます。

　かの宮崎駿監督は、『クラバート』に強くインスパイアされて、『千と千尋の神隠し』を作ったと述懐しています。確かに『クラバート』の水車場と親方のイメージは、そのまま『千と千尋』の油屋と湯婆婆につながります。

　原作の直接の映画化も二本あります。2008年のドイツ映画『クラバート 闇の魔法学校』には、『グッバイ、レーニン！』の主演ダニエル・ブリュールがトンダ役で出演しています。チェコの幻想的アニメ作家カレル・ゼマンが映画化した1977年のチェコ映画『クラバート』は、手書き彩色による紙人形のアニメーションです。プロイスラーが亡くなった2013年には、シュトゥットガルト・バレエ団によって原作に合わせた3幕仕立てのバレエにもなりました。クラバートと少女の美しいパ・ド・ドゥに注目です！

★　さらにクラバート伝説を追ってみましょう！

『語りべのドイツ児童文学：O・プロイスラーを読む』吉田孝夫（かもがわ出版、2013年）
『がんばれ、ブランデンブルク州』塚本晶子（作品社、2007年）

LEKTION 8

Franz Kafka:

Die Verwandlung (1912)

Als *Gregor Samsa* eines Morgens aus unruhigen Träumen erwachte, fand er sich in seinem Bett zu einem ungeheuren Ungeziefer verwandelt. Er lag auf seinem panzerartig harten Rücken und sah, wenn er den Kopf ein wenig hob, seinen gewölbten, braunen, von bogenförmigen Versteifungen geteilten Bauch, auf dessen Höhe sich die Bettdecke, zum
5 gänzlichen Niedergleiten bereit, kaum noch erhalten konnte. Seine vielen, im Vergleich zu seinem sonstigen Umfang kläglich dünnen Beine flimmerten ihm hilflos vor den Augen.

»Was ist mit mir geschehen?« dachte er. Es war kein Traum. Sein Zimmer, ein richtiges, nur etwas zu kleines Menschenzimmer, lag ruhig zwischen den vier wohlbekannten Wänden. Über dem Tisch, auf dem eine auseinandergepackte Musterkollektion von Tuchwaren
10 ausgebreitet war – *Samsa* war Reisender –, hing das Bild, das er vor kurzem aus einer illustrierten Zeitschrift ausgeschnitten und in einem hübschen, vergoldeten Rahmen untergebracht hatte. Es stellte eine Dame dar, die, mit einem Pelzhut und einer Pelzboa versehen, aufrecht dasaß und einen schweren Pelzmuff, in dem ihr ganzer Unterarm verschwunden war, dem Beschauer entgegenhob.

15 *Gregors* Blick richtete sich dann zum Fenster, und das trübe Wetter – man hörte Regentropfen auf das Fensterblech aufschlagen – machte ihn ganz melancholisch. »Wie wäre es, wenn ich noch ein wenig weiterschliefe und alle Narrheiten vergäße« dachte er, aber das war gänzlich undurchführbar, denn er war gewöhnt, auf der rechten Seite zu schlafen, konnte sich aber in seinem gegenwärtigen Zustand nicht in diese Lage bringen. Mit wel-
20 cher Kraft er sich auch auf die rechte Seite warf, immer wieder schaukelte er in die Rückenlage zurück. Er versuchte es wohl hundertmal, schloss die Augen, um die zappelnden Beine nicht sehen zu müssen, und ließ erst ab, als er in der Seite einen noch nie gefühlten, leichten, dumpfen Schmerz zu fühlen begann.

📖 Inhaltsangabe

布の出張販売員であるグレゴール・ザムザは、自らの稼ぎで両親と妹を養っている。しかし、ある朝、彼は一匹の「虫」に変身していた（テキストの場面）。もはや働くことは出来ない。妹のグレーテが彼の世話をするが、稼ぎ手を失った家族は新たな生活の手段を模索しなければならない。グレゴールは部屋の壁や天井を這い回る習慣を身に付け、ますます「虫」らしくなっていく。そのグレゴールの動きに、母親は驚いて失神し、父親は林檎を投げつける。怪我を負ったグレゴールは息絶える。翌朝グレゴールの死骸はきれいに片付けられ、家族は心も軽く散策へと出かける。

Wörter

...artig (→ die Art)	…のような	der Pelzmuff	毛皮のマフ
		der Beschauer	眺める人、見る者
die Versteifung	補強材、堅くなること	entgegen|heben	他 〜を上に差し出す、掲げる
das Niedergleiten	滑るように滑らかに落下すること	das Fensterblech	ブリキの窓の下枠
		Wie wäre es, ...	接続法 II 式（→ S. 61）
sich⁴ erhalten	バランスを取る	gewöhnt (→ gewöhnen)	形 慣れている（過去分詞）
kläglich	形 哀れな		
flimmern	自 ちかちか光る	mit welcher Kraft ... auch ...	いかなる力で…しても（疑問代名詞 welcher を auch と共に用いて認容を表す）
auseinander|packen	他 〜を荷ほどきする		
die Musterkollektion	商品見本集		
die Tuchware	織物の商品	zappelnd	形 じたばたする
der Pelzhut	毛皮の帽子		（現在分詞→ S. 70）
die Pelzboa	毛皮の襟巻き		

▶ Franz Kafka

Franz Kafka wurde 1883 in Prag geboren und starb 1924 in der Nähe von Wien an Tuberkulose. Er ist einer der international bekanntesten deutschsprachigen Schriftsteller. Nach einem Jura-Studium arbeitete er bei einer halbstaatlichen Versicherung. Seine Erzählung *Die Verwandlung* (1912) gehört zu den berühmtesten Werken der Weltliteratur. Andere Werke sind *Der Prozeß* (1914/15) und *Das Schloß* (1922).

Die Verwandlung

Übungen

1. 次の形容詞の由来を調べなさい。

   ＊例えば、panzerartig は、名詞 der Panzer と名詞 die Art に由来する接尾辞 -artig が結合して出来ている。vergoldet は過去分詞であり、動詞 vergolden に由来する。さらにその動詞の由来として名詞 das Gold を指摘できる。kläglich は動詞 klagen を、ängstlich は名詞 die Angst を由来とし、いずれも接尾辞 -lich を付けて形容詞としたもの。(→ S. 70、72)

   1) bogenförmig   2) gegenwärtig   3) gewölbt   4) geteilt
   5) illustriert   6) zappelnd   7) wohlbekannt 8) unruhig
   9) gänzlich   10) hilflos

2. テキストのなかから従属の接続詞に導かれた副文を指摘し、従属の接続詞を取り除いて、独立した文に書き換えなさい。

   ＊副文内は定動詞後置であるから、独立した文に書き換える際には定動詞の位置に注意すること。
     例）weil er krank ist → Er ist krank.

   1) 独立文 _____
   2) 独立文 _____
   3) 独立文 _____
   4) 独立文 _____

3. テキストの内容と合致していれば○、そうでなければ×を入れなさい。

   1) (　) Gregor ist ein Verkäufer von Pelzwaren.
   2) (　) Gregor ist jetzt ein Ungeziefer und hat keine Beine mehr.
   3) (　) An dem Morgen, an dem Gregor in ein Ungeziefer verwandelt wird, ist das Wetter schön.

発展問題　定関係代名詞（前置詞が先行するケース）（→ S. 64）

テキストから抜き出した以下の部分の関係代名詞の性と数と格および先行詞を指摘し、さらに関係文を独立した文に書き換えなさい。

＊関係代名詞の性・数は先行詞と一致し、格は関係文中での役割によって決まる。ここでは、前置詞が関係代名詞に先行していることに注意。関係文を独立した文にする際、主語は適宜補うこと。

1) ... von bogenförmigen Versteifungen geteilten Bauch, auf dessen Höhe sich die Bettdecke kaum noch erhalten konnte

   _____

2) ... einen schweren Pelzmuff, in dem ihr ganzer Unterarm verschwunden war

   _____

kafkaesk という形容詞があります。「カフカ風の」とでも訳したらよいでしょうか。その名が「不条理」を表す形容詞になってしまうほど後の世界文学にカフカが与えた影響は甚大なものです。古代ローマの詩人オウィディウスの『変身物語』から始まって、『蛙の王様』や『クラバート』、中島敦の『山月記』や松浦理英子の『犬身』、ある日突然ポケモンになってしまった主人公が活躍する「ポケモン不思議のダンジョン」シリーズに至るまで、人間が人間以外のものになるという変身譚は数あれど、カフカの『変身』はその代名詞と言ってよいでしょう。

　カフカが生まれたプラハは、当時、ウィーンやブダペストと並ぶ、オーストリア・ハンガリー帝国の大都市でした。5千万人の人口を擁するオーストリア・ハンガリー帝国では、ドイツ語の他に、ハンガリー語、チェコ語、ポーランド語、ルーマニア語、イタリア語、セルビア語、クロアチア語など様々な言語が話されていました。プラハに住む人の約9割はチェコ語を母国語とし、ドイツ語を母国語とする人は1割程度でした。カフカはユダヤ教を信仰するドイツ語家庭に生まれ、ドイツ語で小説を書きました。ドイツ語を話す人は支配階層に属してはいましたが、そのなかでユダヤ教信者は差別を受けていました。

　カフカより8年先にプラハに生まれたリルケは少年時代から頻繁に生地を離れますが、カフカにとってプラハは生涯重要な街でありつづけました。

　2001年、出自や属する文化や国民性に囚われずに広く世界に読まれる文学に贈られる「フランツ・カフカ賞」というチェコの文学賞が創設されました。カンヌ映画祭でパルム・ドールを連続受賞しているミヒャエル・ハネケ監督の『ピアニスト』の原作者でもあるオーストリアのエルフリーデ・イェリネクが、受賞直後にノーベル文学賞を受賞したことで一躍脚光を浴びた賞ですが、村上春樹も2006年に『海辺のカフカ』で受賞をしています。

　『変身』の作中に出てくる Ungeziefer は決して特定の「虫」を描写したものではなく、カフカ自身、本の表紙や挿絵で何らかの具体的な「昆虫」を描かないように版元に強く要請したそうですから、映像化は難しい作品ですが、2002年にロシア演劇界の鬼才ワレーリイ・フォーキンによって映画化の試みがなされています。ニューヨークのブルックリンで活動する大所帯のポスト・ロック・バンド Gregor Samsa が奏でる美しい旋律も要チェックです！

プラハの風景

★ さらにカフカについて考えてみましょう！

「ザムザ復活」手塚治虫『メタモルフォーゼ』（講談社手塚治虫漫画全集88巻、1977年）

『もう一つの審判 カフカの「フェリーツェへの手紙」』エリアス・カネッティ=著、小松太郎＋竹内豊治=訳（法政大学出版局、1971年）

『エクソフォニー ―母語の外へ出る旅』多和田葉子（岩波現代文庫、2012年）

LEKTION 9

Paul Celan:

Todesfuge (1952)

Schwarze Milch der Frühe wir trinken sie abends
wir trinken sie mittags und morgens wir trinken sie nachts
wir trinken und trinken
wir schaufeln ein Grab in den Lüften da liegt man nicht eng
5   Ein Mann wohnt im Haus der spielt mit den Schlangen der schreibt
der schreibt wenn es dunkelt nach Deutschland dein goldenes Haar *Margarete*
er schreibt es und tritt vor das Haus und es blitzen die Sterne er pfeift seine Rüden herbei
er pfeift seine Juden hervor lässt schaufeln ein Grab in der Erde
er befiehlt uns spielt auf nun zum Tanz

10 Schwarze Milch der Frühe wir trinken dich nachts
wir trinken dich morgens und mittags wir trinken dich abends
wir trinken und trinken
Ein Mann wohnt im Haus der spielt mit den Schlangen der schreibt
der schreibt wenn es dunkelt nach Deutschland dein goldenes Haar *Margarete*
15 Dein aschenes Haar *Sulamith* wir schaufeln ein Grab in den Lüften da liegt man nicht eng

Er ruft stecht tiefer ins Erdreich ihr einen ihr andern singet und spielt
er greift nach dem Eisen im Gurt er schwingts seine Augen sind blau
stecht tiefer die Spaten ihr einen ihr andern spielt weiter zum Tanz auf

Schwarze Milch der Frühe wir trinken dich nachts
20 wir trinken dich mittags und morgens wir trinken dich abends
wir trinken und trinken
ein Mann wohnt im Haus dein goldenes Haar *Margarete*
dein aschenes Haar *Sulamith* er spielt mit den Schlangen

Er ruft spielt süßer den Tod der Tod ist ein Meister aus Deutschland
25 er ruft streicht dunkler die Geigen dann steigt ihr als Rauch in die Luft
dann habt ihr ein Grab in den Wolken da liegt man nicht eng

Schwarze Milch der Frühe wir trinken dich nachts
wir trinken dich mittags der Tod ist ein Meister aus Deutschland
wir trinken dich abends und morgens wir trinken und trinken
30 der Tod ist ein Meister aus Deutschland sein Auge ist blau
er trifft dich mit bleierner Kugel er trifft dich genau
ein Mann wohnt im Haus dein goldenes Haar *Margarete*
er hetzt seine Rüden auf uns er schenkt uns ein Grab in der Luft
er spielt mit den Schlangen und träumet der Tod ist ein Meister aus Deutschland

35 dein goldenes Haar *Margarete*
dein aschenes Haar *Sulamith*

Lesebuch Deutsch

📖 この詩について

　ツェランは、ほとんど韻（Reim）と句読点を使用していない。この詩は、アクセントのある音節（揚格：Hebung）とアクセントのない音節（抑格：Senkung）が交互に現れる韻律（Metrum）によって際立つ。

　ドイツ定型詩の韻律の詩の脚（Versfuß）には、ヤンブス（Jambus）［弱強］、トロヘーウス（Trochäus）［強弱］、ダクテュルス（Daktylus）［強弱弱］、アナペースト（Anapäst）［弱弱強］という4種類があるが、例えばこの詩 Todesfuge では、次のようになる。

Schwar / ze / **Milch** / der / **Frü** / he
　強　　弱　　強　　弱　　強　　弱
[Trochäus トロヘーウス（強弱）]

(wir) / **trin** / ken / sie / **a** / bends / wir / **trin** / ken / sie / **mit** / tags und
（弱）　強　　弱　　弱　　強　　弱　　弱　　強　　弱　　弱　　強　　弱　　弱
[Daktylus ダクテュルス（強弱弱）]

　アクセントのある音節とアクセントのない音節の繰り返しに伴って、まさにフーガ（遁走曲）のように詩のパーツも繰り返され変化していく。

★　ツェランの詩に興味を持ったら・・・

『パウル・ツェランへの旅』関口裕昭（郁文堂、2006年）
『パウル・ツェラン ことばの光跡』飯吉光夫（白水社、2013年）

Wörter

herbei|pfeifen	他 ～を口笛で呼び寄せる	das Eisen	鉄、短刀
hervor|pfeifen	他 ～を口笛で呼び出す	schwingts	= schwingt es
aschen	形 灰の、灰色の	streichen	他（弓で弦楽器）を弾く
stechen	他 ～を突き刺す、掘り取る	treffen	他 ～に命中させる
das Erdreich	土壌、地面	die Kugel	ここでは：弾丸

🏴 Paul Celan

Der Lyriker Paul Celan wurde (1920-1970) in Czernowitz (damals Rumänien, jetzt Ukraine) in einer deutschsprachigen jüdischen Familie geboren. Er verlor seine Eltern im Holocaust; er selbst war in Arbeitslagern. Nach dem Krieg flüchtete er über Ungarn nach Wien. Ab 1948 lebte er in Paris.

Todesfuge wurde anfänglich abgelehnt. Das Zitat des Philosophen Theodor Adorno: „Nach Auschwitz ein Gedicht zu schreiben ist barbarisch" bezieht sich aber nicht direkt auf dieses Gedicht.

LEKTION 10

Richard von Weizsäcker:

Rede vom 8. Mai 1985

Der 8. Mai ist für uns Deutsche kein Tag zum Feiern. Die Menschen, die ihn bewusst erlebt haben, denken an ganz persönliche und damit ganz unterschiedliche Erfahrungen zurück. Der eine kehrte heim, der andere wurde heimatlos. Dieser wurde befreit, für jenen begann die Gefangenschaft. Viele waren einfach nur dafür dankbar, dass Bombennächte und Angst vorüber und sie mit dem Leben davongekommen waren. Andere empfanden Schmerz über die vollständige Niederlage des eigenen Vaterlandes. Verbittert standen Deutsche vor zerrissenen Illusionen, dankbar andere Deutsche für den geschenkten neuen Anfang. (...)

Bei uns ist eine neue Generation in die politische Verantwortung hereingewachsen. Die Jungen sind nicht verantwortlich für das, was damals geschah. Aber sie sind verantwortlich für das, was in der Geschichte daraus wird.

Wir Älteren schulden der Jugend nicht die Erfüllung von Träumen, sondern Aufrichtigkeit. Wir müssen den Jüngeren helfen zu verstehen, warum es lebenswichtig ist, die Erinnerung wachzuhalten. Wir wollen ihnen helfen, sich auf die geschichtliche Wahrheit nüchtern und ohne Einseitigkeit einzulassen, ohne Flucht in utopische Heilslehren, aber auch ohne moralische Überheblichkeit.

Wir lernen aus unserer eigenen Geschichte, wozu der Mensch fähig ist. Deshalb dürfen wir uns nicht einbilden, wir seien nun als Menschen anders und besser geworden.

Es gibt keine endgültig errungene moralische Vollkommenheit - für niemanden und kein Land! Wir haben als Menschen gelernt, wir bleiben als Menschen gefährdet. Aber wir haben die Kraft, Gefährdungen immer von neuem zu überwinden.

📖 「ザ・演説」について

　1985年5月8日、ヨーロッパの終戦40周年記念日、西ドイツ大統領ヴァイツゼッカーはドイツ連邦議会で、彼を世界的に有名にしたこの演説を行った。敗戦から40年が過ぎ、西側陣営のなかで経済的な発展が進めば進むほど東側との乖離が深まり統一への道が遠くなるというジレンマを抱え、ナチの時代への反省にも倦み疲れ始めた人々に向けて、ヴァイツゼッカーは、過去を無かったことにしたり、安易にケリをつけることなどは出来ないのだと言明する。„Wer aber vor der Vergangenheit die Augen verschließt, der wird am Ende blind für die Gegenwart."（しかし、過去に目を閉ざす者は、結局のところ現在にも盲目となる）という一節に象徴されるように、沈黙と対立の後に和解と責任を求めたこの演説は、„Die Rede" と定冠詞つきで表記される（テキストは演説冒頭および終盤部分）。

　演説の全文は、『新版 荒れ野の40年 ヴァイツゼッカー大統領ドイツ終戦40周年記念演説』永井清彦=訳(岩波ブックレット、2009年)で読むことが出来る。

Wörter

die Bombennacht	夜中の空襲	wozu	疑問代名詞 was と前置詞 zu の融合形
mit dem Leben davon|kommen	生き残る	fähig	形 (zu et³)（…が）出来る、（…を）しかねない
einfach	副 理屈抜きで、とにかく、ただひたすら	sich³ et⁴ ein|bilden	～であると思い込む、錯覚する、自惚れる
eigen	形 自分の、自身の	seien	接続法Ⅰ式・間接話法（→ S. 55）
herein|wachsen	自 成長する、成長して（…の状態に）入る	niemand	不定代名詞（→ S. 54）
was	不定関係代名詞（→ S. 67）	gefährdet	形 危うい、危険にさらされている（過去分詞）（→ die Gefahr）
schulden	他 ～の義務を負う		
sich⁴ auf et⁴ ein|lassen	…と関わり合う	die Gefährdung	危険（にさらすこと）

▶ Richard von Weizsäcker

Richard von Weizsäcker wurde 1920 in Stuttgart geboren. Im Zweiten Weltkrieg war er Soldat, sein älterer Bruder fiel 1939 beim Angriff auf Polen. Nach Ende des Krieges studierte Richard Jura. Sein Vater Ernst wurde bei den Nürnberger Prozessen als Kriegsverbrecher verurteilt, Richard war als sein Hilfsverteidiger tätig.

　Richard von Weizsäcker war von 1981 bis 1984 Bürgermeister von Berlin; von 1984 bis 1994 Bundespräsident der Bundesrepublik Deutschland.

　Er starb 2015 in Berlin.

Rede vom 8. Mai 1985

Übungen

1. 例に倣って、次の単語の成分を調べなさい。

    例：die Stellung → stellen + 語尾 ung　　die Gesundheit → gesund + 語尾 heit　　名詞の構成（→ S. 70、71）

    1) die Erfahrung　　2) die Erinnerung　　3) die Erfüllung　　4) die Gefährdung
    5) die Wahrheit　　6) die Vollkommenheit　　7) die Aufrichtigkeit
    8) die Einseitigkeit　　9) die Überheblichkeit

2. 非人称の es を使った非人称熟語に注意して、訳しなさい。

    * Es regnet.（雨が降る。）の主語 es のように、実際は何ら意味を持たない形式的な es を、中性名詞などを受ける人称代名詞の es と区別して、非人称の es と言う。天候や日時、音、匂い、生理現象などを表す文で使われる。また、完全に熟語化した表現を非人称熟語と言う。

    1) In diesem Dorf gibt es eine Mühle.
    2) Wie geht es Ihnen?
    3) Es handelt sich um deine Zukunft.
    4) Es kommt auf das Wetter an.
    5) Es kam dazu, dass er erst gegen Abend sein Ziel erreichte.
    6) Es verlangte ihn, zu ihr hinzugehen.

3. テキストの内容と合致していれば○、そうでなければ×を入れなさい。

    1) (　) Die Jungen sind verantwortlich für die Taten ihrer Eltern.
    2) (　) Wir müssen uns immer an unsere Geschichte erinnern.
    3) (　) In Europa endete der Zweite Weltkrieg am 8. Mai 1945.

発展問題　再帰動詞（→ S. 66）

再帰代名詞の格を指摘した上で、以下の再帰動詞を含む文章を、訳しなさい。

*3格の再帰代名詞と結合する再帰動詞と、4格の再帰代名詞と結合する再帰動詞がある。

1) Setz dich bitte!
2) Krabat beeilte sich.
3) Krabat erkundigt sich nach dem Weg.
4) Ich interessiere mich für Geschichte.
5) Wir freuen uns sehr über Ihr Kommen.
6) Krabat erinnerte sich an die Mühle.
7) Kümmerst du dich bitte um deinen Großvater?
8) Die Prinzessin fürchtet sich sehr vor dem Frosch.
9) Kannst du dir vorstellen, wie viel Arbeit das ist?
10) Darf ich mir hier eine kleine Pause erlauben?

敗戦の日…ドイツにとって、そのように記憶される1945年5月8日は、ドイツ軍が連合国に無条件降伏をした第二次世界大戦のヨーロッパにおける終戦の日です。英語ではこの日のことをV-E Day（Victory in Europe Day）と言い、二度にわたる大戦に敗北したドイツでは文字通り何も無くなったこの1945年をStunde Null（零時）と呼んでいます。戦後、ドイツ東部をソ連、西側を米英仏が分割占領し、ベルリンは米英仏ソの共同統治下に置かれることになります。さらに冷戦構造の構築が進み、ドイツは「ドイツ連邦共和国（西ドイツ）」と「ドイツ民主共和国（東ドイツ）」に分裂し、東側から西側への人口の流出を防ぐため、1961年にはベルリンの壁（Berliner Mauer）が作られることになります。社会主義体制の東ドイツは、自分達もナチスの被害者であるとし、戦争勃発・ホロコーストの責任とは無縁であるとの立場をとり続けます。一方で、復興が最優先課題となった西ドイツでも、責任論は後回しになりました。こうした「親の世代の沈黙」に反発した新しい世代が、カウンター・カルチャー華やかなりし1960年代、ベトナム戦争反対をきっかけに学生運動に身を投じました。一部の若者はドイツ赤軍（RAF：通称バーダー・マインホフ）を組織し、1977年には「ドイツの秋（Deutscher Herbst）」と呼ばれる一連のテロ事件を起こしヨーロッパを震撼させることになります。2008年のドイツ映画『バーダー・マインホフ 理想の果てに』でも冷徹なリアリズムで描き出されたドイツ戦後の矛盾を乗り越えて、新しい世代の一部の若者は政治家となり、1990年代になって政権を担っていくことになります。このヴァイツゼッカーの演説は、そのような若い世代に向けてのメッセージでもあります。

演説中のリヒャルト・フォン・ヴァイツゼッカー西ドイツ大統領

　敗戦の5月8日を心に刻み、歴史を直視することを求める大統領の演説は内外で大きな反響を呼びました。ノーベル賞作家であるハインリヒ・ベルが、この演説を教科書に採用すべしと高く評価する一方で、歴史家エルンスト・ノルテは、『フランクフルター・アルゲマイネ』紙に、「過ぎ去ろうとしない過去」に対する苛立ちを吐露しました。それに対して哲学者ユルゲン・ハーバーマスをはじめ多くの歴史家が激しい反論を行い、いわゆる歴史家論争（Historikerstreit）が巻き起こります。

　東西二つに分かれたドイツが再び統一されるのは、この演説からまだなお5年、さらに多くの思索と論議が必要でした。そして、1989年にベルリンの壁が崩壊、1990年10月3日に東西ドイツが再統一され、ヴァイツゼッカーは統一ドイツの初代大統領に就任することになります。

★ さらにドイツの現代史を学ぶ方に・・・

『ヴァイツゼッカー ドイツ統一への道』永井清彦=訳（岩波書店、2010年）
『ドイツの歴史教育（シリーズ・ドイツ現代史）』川喜田敦子（白水社、2005年）
『忘却に抵抗するドイツ：歴史教育から「記憶の文化」へ』岡裕人（大月書店、2012年）

LEKTION 11

Bernhard Schlink:

Der Vorleser (1995)

Ich fragte sie nach ihrer Vergangenheit, und es war, als krame sie, was sie mir antwortete, aus einer verstaubten Truhe hervor. Sie war in Siebenbürgen aufgewachsen, mit siebzehn nach Berlin gekommen, Arbeiterin bei Siemens geworden und mit einundzwanzig zu den Soldaten geraten. Seit der Krieg zu Ende war, hatte sie sich mit allen möglichen Jobs durchgeschlagen. An ihrem Beruf als Straßenbahnschaffnerin, den sie seit ein paar Jahren hatte, mochte sie die Uniform und die Bewegung, den Wechsel der Bilder und das Rollen unter den Füßen. Sonst mochte sie ihn nicht. Sie hatte keine Familie. Sie war sechsunddreißig. Das alles erzählte sie, als sei es nicht ihr Leben, sondern das Leben eines anderen, den sie nicht gut kennt und der sie nichts angeht. Was ich genauer wissen wollte, wusste sie oft nicht mehr, und sie verstand auch nicht, warum mich interessierte, was aus ihren Eltern geworden war, ob sie Geschwister gehabt, wie sie in Berlin gelebt und was sie bei den Soldaten gemacht hatte. »Was du alles wissen willst, Jungchen!« (...)

Ich sah Hanna im Gerichtssaal wieder. Es war nicht der erste KZ-Prozess und keiner der großen. Der Professor, einer der wenigen, die damals über die Nazi-Vergangenheit und die einschlägigen Gerichtsverfahren arbeiteten, hatte ihn zum Gegenstand eines Seminars gemacht, weil er hoffte, ihn mit Hilfe von Studenten über die ganze Dauer verfolgen und auswerten zu können. Ich weiß nicht mehr, was er überprüfen, bestätigen oder widerlegen wollte. Ich erinnere mich, dass im Seminar über das Verbot rückwirkender Bestrafung diskutiert wurde. Genügt es, dass der Paragraph, nach dem die KZ-Wächter und -Schergen verurteilt werden, schon zur Zeit ihrer Taten im Strafgesetzbuch stand, oder kommt es darauf an, wie er zur Zeit ihrer Taten verstanden und angewandt und dass er damals eben nicht auf sie bezogen wurde? Was ist das Recht? Was im Buch steht oder was in der Gesellschaft tatsächlich durchgesetzt und befolgt wird? Oder ist Recht, was, ob es im Buch steht oder nicht, durchgesetzt und befolgt werden müsste, wenn alles mit rechten Dingen zuginge? Der Professor, ein alter Herr, aus der Emigration zurückgekehrt, aber in der deutschen Rechtswissenschaft ein Außenseiter geblieben, nahm an diesen Diskussionen mit all seiner Gelehrsamkeit und zugleich mit der Distanz dessen teil, der für die Lösung eines Problems nicht mehr auf Gelehrsamkeit setzt. »Sehen Sie sich die Angeklagten an – Sie werden keinen finden, der wirklich meint, er habe damals morden dürfen.«

📖 Inhaltsangabe

1958年、15歳のミヒャエルは下校途中に気分が悪くなったところを見知らぬ女性に助けられる。快復した彼は、看病してくれた21歳年上のハンナを探し当て恋に落ちる。彼女は電車の車掌の仕事をしているというが、その来歴を語ろうとしない（テキストの場面）。ハンナにせがまれホメロスの『オデュッセイア』を朗読して以来、「朗読」は二人の愛の営みとなる。しかし突然彼女は姿を消す。

1966年、ミヒャエルは大学のゼミで裁判を傍聴し、法廷でハンナと再会する（テキストの場面）。かつてナチの親衛隊に所属し強制収容所の看守を務めたハンナは、同僚達の偽証によって責任を一人で背負わされるが、非識字者であることを隠したい一心で抗弁を行わない。ミヒャエルはハンナが文字の読み書きを出来ないことに気付くが、真実を暴露して彼女の罪を軽減するより、口を噤むことを選ぶ。ハンナは終身刑となる。

時が経ち、法史学の教授となったミヒャエルは朗読をカセットテープに録音して刑務所に送り届け始める。テープを何度も聞き返しながらハンナは遂に「文字」を識る。18年の収監を経てハンナの恩赦が決まり、二人は再会を果たす。しかし出所の日にハンナは自らに手を下す。

Wörter

hervor|kramen 他〜を中から探し出す	ob ... oder nicht …であろうと…でなかろうと
sich⁴ durch|schlagen なんとか暮らしていく	nicht mit rechten Dingen zu|gehen うさんくさい、ただごとではない
an|gehen 他〜に〜の関係がある、関わる（4格を2つとる）	aus ... zurückgekehrt 分詞構文→ S.64
Was du alles wissen willst. 感嘆文（was は不変化・副詞的に使用されている）	aber in der ... geblieben 分詞構文→ S.64
KZ = Konzentrationslager 強制収容所	an et³ teil|nehmen …に参加する
Es kommt auf et⁴ an, ... …が重要だ	mit all seiner Gelehrsamkeit あらゆる博識をもって（不定数詞 alle は、定冠詞・所有冠詞・指示代名詞の直前では無語尾になる傾向がある）
et⁴ auf et⁴ beziehen 〜を…に適用する	auf et⁴/j⁴ setzen …に全幅の信頼を置く、当てにする
eben nicht （否定の強調）まったく…ない	

▶ Bernhard Schlink

Der Jurist und Schriftsteller Bernhard Schlink wurde 1944 geboren. Er studierte Jura in Heidelberg und in Berlin. Er promovierte 1975 und habilitierte sich 1981, danach arbeitete er als Professor für Öffentliches Recht in Bonn, Frankfurt und Berlin.

Schlink begann 1987 zu schreiben, und schon sein erster Roman *Selbs Justiz*, gemeinsam mit Walter Popp geschrieben, war ein Erfolg. *Der Vorleser*, sein viertes Buch, im Jahr 1995 publiziert, wurde ein internationaler Bestseller und in über 50 Sprachen übersetzt. Der große Erfolg dieses Buchs auch in den Vereinigten Staaten, wo es 1997 erschien, führte zur Verfilmung in englischer Sprache.

Übungen

1. テキスト後半部分（13行目〜）から動詞を抜き出して原形（不定詞）を指摘し、助動詞、分離動詞、非分離動詞、それ以外の一般動詞に分けなさい。
   ＊文末に配置された前綴りを見落とさないよう注意。非分離動詞と一般動詞を見分けるため辞書をよく活用すること。

2. 指示に従って書き換えなさい。
   ＊枠構造や人称変化等に注意して書き換えること。

   1) Ich fragte sie nach ihrer Vergangenheit.　　　　　　　（過去を現在完了に）
   2) Sie war in Siebenbürgen aufgewachsen.　　　　　　　　（過去完了を過去に）
   3) Sie hatte sich mit allen möglichen Jobs durchgeschlagen.　（過去完了を現在に）
   4) Ich erinnere mich, dass im Seminar über das Verbot rückwirkender Bestrafung diskutiert wurde.　（主文を過去、副文を過去完了に）
   5) Recht ist, was durchgesetzt und befolgt werden müsste, wenn alles mit rechten Dingen zuginge.　（接続法を直説法現在に）

3. テキストの内容と合致していれば○、そうでなければ×を入れなさい。

   1) (　) Sie sprach über ihr Leben, als sei es das Leben eines anderen Menschen.
   2) (　) Wie viele andere Forscher arbeitete auch der Professor über die Nazivergangenheit und die einschlägigen Gerichtsverfahren.
   3) (　) Die Studenten diskutierten im Seminar über die Philosophie des Rechts.

発展問題　不定関係代名詞 was（→ S. 67）

日本語の意味になるように、かっこ内の語を並び替えて、不定関係代名詞 was を使ったドイツ語の文章を作りなさい。
＊コンマやプンクト等は適宜補うこと。便宜上、かっこ内の語は文頭の語も小文字書きになっている。動詞は不定詞で記してあるので、適切な形に改めること。

1) 何を言うべきか、私はわからない。
   (ich, ich, nicht, sagen, sollen, was, wissen)
2) これは私がかつて行った最良の事だ。
   (das, das Beste, haben, ich, sein, je, tun, was)
3) 存在するものは全て、移ろい去る。
   (alles, bestehen, vergehen, was)
4) 私はあなたが言ったことを理解した。
   (haben, haben, ich, sagen, Sie, verstehen, was)
5) 今日できることを、明日に延ばすな！
   (auf, besorgen, das, du, heute, können, morgen, nicht, verschieben, was)

朗読を描いた漫画『花もて語れ』（片山ユキヲ＝著、小学館）は、他者とのコミュニケーションが苦手な主人公佐倉ハナが、学芸会の演目グリム童話「ブレーメンの音楽隊」（Die Bremer Stadtmusikanten）をきっかけに朗読の才能を開花させていく物語。シュリンクの『朗読者』は、文字を持たないハンナが、ホメロスの『オデュッセイア』の朗読をミヒャエルにせがむことから始まる愛の物語。いずれも「朗読」という表現行為が困難を越えさせる鍵となっています。『朗読者』は、『愛を読むひと』(The Reader, 2008) として映画化もされ

『愛を読むひと』

ました。映画『クラバート』で主役を務めたディヴィット・クロスがミヒャエルを、映画『ベルリン・天使の詩（うた）』や『ヒトラー ～最期の12日間～』(Der Untergang, 2004) で知られる名優ブルーノ・ガンツがゼミの教授を演じています。ハンナを演じたケイト・ウィンスレットは見事アカデミー主演女優賞を受賞しました。

　ミヒャエルがハンナと出遭った1950年代の西ドイツでは、急速な経済復興のなか自国の過去との取り組みは下火になりました。戦争犯罪者の恩赦も行われ、その多くが戦後の社会に復帰します。シュリンクがドイツ・ミステリ大賞を受賞した『ゼルプの欺瞞』(Selbs Betrug, 1992) の主人公ゼルプもナチ政権下で検事だった過去を持っています。このタイトルにシュリンクが潜ませている Selbstbetrug（自己欺瞞）を打ち破り、滞っていた戦争犯罪追及への道を切り開いたのは、地方検事総長フリッツ・バウアーの個人的な調査でした。それによって1961年には、多くの人を強制収容所に送る決定に関わったとしてアドルフ・アイヒマンの裁判がイスラエルで行われます。映画『アイヒマンを追え！ナチスがもっとも畏れた男』(Der Staat gegen Fritz Bauer, 2015) では、バウアーの功績と同時に、アイヒマンをドイツで裁くことができなかった挫折も描かれます。政治哲学者ハンナ・アーレントは、アイヒマンを反ユダヤ主義の怪物としてでなく、唯々諾々と命令に従う小役人として描写し、その「悪の凡庸さ」を世に問いました。1963年にはアウシュヴィッツ裁判が始まります。これらの裁判は、『朗読者』第2部で描かれるようにドイツ人が自国民を裁くものであり、ドイツ国内でも大きな抵抗があったことが映画『顔のないヒトラーたち』(Im Labyrinth des Schweigens, 2014) からも窺い知れます。

　その後ドイツ国内では、ドイツ人の加害責任の追及を覆い隠すように、「被害者としてのドイツ人」というイメージが希求されるようになっていきます。『ブリキの太鼓』(Die Blechtrommel, 1959) で知られるギュンター・グラスは、ノーベル文学賞受賞を経て2002年に発表した小説『蟹の横歩き』(Im Krebsgang) のなかで、インターネットのチャットを介して被害者としての意識が形成されていく様を暴き出しています。文字通り「蟹」が「横歩き」するように揺れ動く、自国の過去に対するドイツ人の意識が、この『朗読者』という小説をより一層複雑で重層的なものにしています。

★　ミヒャエルがハンナの為に朗読したドイツ文学を読んでみましょう！

『エミーリア・ガロッティ』ゴットホルト・エフライム・レッシング＝著、田邊玲子＝訳（岩波文庫、2006年）
『たくみと恋』フリードリヒ・シラー＝著、実吉捷郎＝訳（岩波文庫、1991年）
『愉しき放浪児』ヨーゼフ・フォン・アイヒェンドルフ＝著、関泰祐＝訳（岩波文庫、1952年）
『アナトール』アルトゥル・シュニッツラー＝著、角信雄＝訳（新潮文庫、1953年）
『昨日の世界〈1〉〈2〉』シュテファン・ツヴァイク＝著、原田義人＝訳（みすず書房、1999年）

LEKTION 12

Thomas Mann:

Der Tod in Venedig (1911)

Es war ein betagtes Fahrzeug italienischer Nationalität, veraltet, rußig und düster. In einer höhlenartigen, künstlich erleuchteten Koje des inneren Raumes, wohin *Aschenbach* sofort nach Betreten des Schiffes von einem buckligen und unreinlichen Matrosen mit grinsender Höflichkeit genötigt wurde, saß hinter einem Tische, den Hut schief in der Stirn und einen Zigarettenstummel im Mundwinkel, ein ziegenbärtiger Mann von der Physiognomie eines altmodischen Zirkusdirektors, der mit grimassenhaft leichtem Geschäftsgebaren die Personalien der Reisenden aufnahm und ihnen die Fahrscheine ausstellte.

»Nach *Venedig*!« wiederholte er *Aschenbachs* Ansuchen, indem er den Arm reckte und die Feder in den breiigen Restinhalt eines schräg geneigten Tintenfasses stieß. »Nach *Venedig* erster Klasse! Sie sind bedient, mein Herr!« Und er schrieb große Krähenfüße, streute aus einer Büchse blauen Sand auf die Schrift, ließ ihn in eine tönerne Schale ablaufen, faltete das Papier mit gelben und knochigen Fingern und schrieb aufs neue.

»Ein glücklich gewähltes Reiseziel!« schwatzte er unterdessen. »Ah, *Venedig*! Eine herrliche Stadt! Eine Stadt von unwiderstehlicher Anziehungskraft für den Gebildeten, ihrer Geschichte sowohl wie ihrer gegenwärtigen Reize wegen!« Die glatte Raschheit seiner Bewegungen und das leere Gerede, womit er sie begleitete, hatten etwas Betäubendes und Ablenkendes, etwa als besorge er, der Reisende möchte in seinem Entschluss, nach *Venedig* zu fahren, noch wankend werden.

Er kassierte eilig und ließ mit Croupiergewandtheit den Differenzbetrag auf den fleckigen Tuchbezug des Tisches fallen. »Gute Unterhaltung, mein Herr!« sagte er mit schauspielerischer Verbeugung. »Es ist mir eine Ehre, Sie zu befördern… Meine Herren!« rief er sogleich mit erhobenem Arm und tat, als sei das Geschäft im flottesten Gange, obgleich niemand mehr da war, der nach Abfertigung verlangt hätte. *Aschenbach* kehrte auf das Verdeck zurück.

📖 Inhaltsangabe

　執筆に疲れた高名なる作家アッシェンバッハは、港に停泊する老船によってヴェニスへと導かれる（テキストの場面）。同じホテルに滞在していたポーランド人少年タージオを見かけたアッシェンバッハは、その14歳くらいの少年の完璧な美しさの虜になる。浜辺で友人と無邪気に遊ぶタージオの姿を見て、文筆によってしか美を創造出来なかった自分のなかに新たな生命の息吹を感じる。彼は、昼となく夜となくタージオをつけ回す。夏のヴェニスは運河に悪臭が立ち籠め、コレラが密かに蔓延していた。いよいよタージオが家族と共にこの地を旅立つ日、タージオの姿を目の端に留めながら、既にコレラに感染し衰弱しきったアッシェンバッハは、寝椅子に深く身を沈め息を引き取る。

Wörter

höhlenartig	形 洞窟のような	betäuben	他 〜の感覚を麻痺させる
einem Tische	= einem Tisch （男性名詞・中性名詞単数3格で名詞の末尾にeが付く古い形）	ab|lenken	他 〜の気をそらす
ziegenbärtig	形 ヤギのようなあごひげの	besorgen	他 〜を心配する、気遣う
der Zirkusdirektor	サーカス団の団長	wankend werden	ぐらつく （wankend = wanken の現在分詞）
grimassenhaft	形 しかめっ面のような	die Croupiergewandtheit	クルピエ(賭博の胴元)の素早さ、器用さ
das Geschäftsgebaren	営業態度	der Differenzbetrag	差額
auf|nehmen	他 〜を記帳する、記録する	der Tuchbezug	布のカバー
recken	他 〜を伸ばす	in Gang sein	作動中である
der Restinhalt	残っている中身	als sei	als ob... の ob の省略
bedienen	他 〜に給仕をする		(→ S. 63)
→ Sie sind bedient	かしこまりました		
ab|laufen	自 流れ落ちる		

🎬 Thomas Mann

Thomas Mann wurde 1875 in Lübeck geboren und starb 1955 in Zürich. Er war einer der bedeutendsten Schriftsteller deutscher Sprache im 20. Jahrhundert. 1929 erhielt er den Nobelpreis für Literatur für seinen Roman *Buddenbrooks*. In den Dreißigerjahren emigrierte Mann in die Vereinigten Staaten und nahm 1944 die amerikanische Staatsbürgerschaft an. Sein Lebensende verbrachte er in der Schweiz. Sein älterer Bruder Heinrich, seine Söhne Klaus und Golo und seine Tochter Erika waren ebenfalls Schriftsteller.

Übungen

1. 次の単語の成り立ちを分析しなさい。

    *今まで練習した形容詞と名詞の作り方を参考にすること。特に Lektion 1, 5, 7, 8, 10 を参照。単語の構成パターン（→ S.70～）

    1) die Anziehungskraft
    2) die Bewegung
    3) die Croupiergewandtheit
    4) erleuchtet
    5) flottest
    6) gewählt
    7) glücklich
    8) grinsend
    9) die Höflichkeit
    10) knochig
    11) schauspielerisch
    12) unwiderstehlich
    13) die Verbeugung

2. 第1段落・第2段落から「副文」をすべて抜き出し、従属の接続詞や関係詞などを取り除いた独立した文に書き換えなさい。

    *副文には従属の接続詞に導かれたものや、関係文などがある。ここでは比較的長い副文を抜き出す作業になる。関係文を独立した文にする際には、主語を適宜補うこと。

3. テキストの内容と合致していれば○、そうでなければ×を入れなさい。

    1) (　) Aschenbach kauft eine Fahrkarte.
    2) (　) Aschenbach verlässt das Schiff.
    3) (　) Aschenbach möchte nach Venedig fahren.

発展問題　形容詞の名詞化（→ S. 68）

テキストのなかから、現在分詞もしくは過去分詞が名詞化された語を抜き出し、性別・数・格を指摘しなさい。

*冠詞の種類や有無を確認し、形容詞の語尾の形から名詞化された語の性と数と格を確認する。分詞も形容詞として機能するので、名詞化されることに注意。

発展問題　独訳

次の日本語をドイツ語にしなさい。

*1つめの独訳は、現在分詞（→ S. 70）、形容詞の名詞化（→ S. 68）、再帰動詞（→ S. 66）、定関係代名詞に前置詞が先行するケース（→ S. 64）などを参照すること。2つめの独訳は、不定関係代名詞 wer（→ S. 58）、接続法Ⅱ式（2）外交的接続法（→ S. 62）などを参照すること。

1) その旅行者（男性・単数）は、彼がそれを使ってヴェニスに行った船のことを良く覚えていた。
2) 本当にヴェニスを見ようという人は、列車ではなく、船でそこに行くべきでしょうね。

ノーベル文学賞受賞理由となる長編『ブッデンブローク家の人々』と代表作『トーニオ・クレーガー』を発表し作家としての名声を確立したマンは、1911年にヴェネツィアを訪れます。その時、同じホテルに宿泊していたポーランド貴族一家の美少年に夢中になり、その体験が、スランプに陥っていたマンに新作『ヴェニスに死す』を一気に書き上げさせる事になります。

小説の映画化はその多くが原作の愛読者を裏切るのが常ですが、この小説は、その映画化が自らの生涯の夢だったと語るイタリアの巨匠ルキノ・ヴィスコンティによって、1971年に見事に映像化されました。

タージオ役：ビョルン・アンドレセン

美少年タージオに想いを寄せる高名なる初老の作家グスタフ・フォン・アッシェンバッハ役は、自身生涯最高の演技であったと述懐するオランダ系イギリス人のダーク・ボガードが務めています。アッシェンバッハは原作では作家となっていましたが、ヴィスコンティは映画化にあたって彼の職業を作曲家に変更しています。これは原作者マンの意図を汲んだ変更であると言えます。グスタフというアッシェンバッハのファーストネームは、ミュンヘンでマンが知己を得た作曲家グスタフ・マーラーからとられており、マンがこの小説を執筆する直前に敗血症で他界したマーラーへのオマージュとなっています。映画のなかでもマーラーの交響曲第5番第4楽章アダージェットが繰り返し印象的に流れます。シェーンベルク等によって無調音楽の試みが為された20世紀初頭にあってマーラーは生前必ずしも高い評価を得ていたとは言えず、この映画がマーラー再評価の大きなきっかけとなりました。

ヴィスコンティは、原作では金髪碧眼の14歳くらいのポーランド人とされているタージオ役をヨーロッパ中探し回り、数千人の候補のなかから当時15歳のスウェーデン人の少年ビョルン・アンドレセンを選び出します。アンドレセンは映画の公開直後に日本にしばらく滞在し、チョコレートのCMにも出演、なんと日本語で歌手デビューもしています。萩尾望都の『ポーの一族』の連載が1972年に、竹宮惠子の『風と木の詩』の連載が1976年に始まることを考えると、日本の少女漫画や後のBL小説にもアンドレセンは影響を与えているのかもしれませんね。

小説『ヴェニスに死す』は三島由紀夫にも強い印象を与えました。『禁色』に見られる老作家と美少年と海というモチーフにもその影響は顕著です。マンの『ブッデンブローク家の人々』に着想を得たヴィスコンティの映画『地獄に堕ちた勇者ども』を絶賛した三島は、残念ながら『ヴェニスに死す』の映画化を見ることなく、1970年割腹自殺を遂げることになります。

★　さらに興味を広げてみましょう・・・

『文化史のなかのマーラー』渡辺裕（ちくまライブラリー、1990年）
『講演集 ドイツとドイツ人』トーマス・マン=著、青木順三=訳（岩波文庫、1990年）
『ヴィスコンティ集成／退廃の美しさに彩られた孤独の肖像』（フィルムアート社=編、1981年）

ZUM ABSCHLUSS

Sprichwörter

① Wo ein Anfang ist, muss auch ein Ende sein.

② Jedes Ding hat ein Ende (nur die Wurst hat zwei).

③ Ende gut, alles gut.

④ Man soll aufhören, wenn es am schönsten ist.

⑤ In jedem Ende liegt ein neuer Anfang.

Wir sind fertig!!

★ さらに様々なドイツ文学に触れてみようという方は・・・

『ドイツ文学案内 増補新版』岡田朝雄、リンケ珠子（朝日出版社、2000 年）

巻末文法説明

文法説明の例文は出来るだけ、各レッスンのテキストを使用した。
例えば、(L1) という表記は「レッスン1」のテキストに、(Zu Beginn) という表記は「はじめに」のテキストに、それぞれ、その例文が含まれていることを示している。
例文として抜き出す際には、若干の変更を加えた箇所もある。

巻末文法説明 目次

	はじめに	S. 49	定動詞の位置
			枠構造
			名詞の性
			動詞の三基本形
1	手紙	S. 53	手紙の書き方
			不定代名詞
2	グリム	S. 55	接続法
			接続法Ⅰ式
3	シュピリ	S. 56	命令
			指示代名詞 derselbe
4	リルケ	S. 58	不定関係代名詞 wer
			指示代名詞 der, die, das, die（1）
			指示代名詞2格
5	ゲーテ	S. 59	定関係代名詞（1）
			関係副詞 wo
6	ことわざ	S. 61	接続法Ⅱ式（1）
			接続法の時称
7	プロイスラー	S. 62	接続法Ⅱ式（2）
			所有の3格
8	カフカ	S. 64	分詞構文
			定関係代名詞（2）、定関係代名詞2格
9	ツェラン		（文法説明はありません）
10	ヴァイツゼッカー	S. 65	不定数詞
			指示冠詞
			再帰動詞
11	シュリンク	S. 67	不定関係代名詞 was
			指示代名詞 der, die, das, die（2）
			枠外配置
12	マン	S. 68	形容詞の名詞化
			副詞的4格・副詞的2格、絶対的4格
	おわりに	S. 70	単語の構成パターン

Zu Beginn　　　　　　　　　　Wie denken die Deutschen?

定動詞の位置

■定動詞第2位（平叙文、補足疑問文）

平叙文および補足疑問文では、定動詞は第2位の位置に置かれる。定動詞の前に一つの文成分（ここで言う文成分とは主語や目的語や状況語など、まとまって機能する要素のこと。当然、単語一語からなるとは限らない）が置かれるが、それは主語には限定されない。一番重要な文成分が一番最初に置かれるのが基本となる。主語以外の文成分が第1位に置かれれば、その後の語順は倒置（定動詞→主語の順）になる。補足疑問文であれば疑問詞が一番重要な文成分であるから、疑問詞が第1位となる。

　平叙文：(Zu Beginn) Das Sein |bestimmt| das Bewusstsein. 存在が意識を規定する。
　補足疑問文：(Zu Beginn) Wie |denken| die Deutschen? ドイツ人はどのように考える？

◆なお、助動詞構文では、助動詞が定動詞となる。

　(L1) Ich |kann| nicht poetisch |schreiben|. 私は詩的に書くことは出来ません。

■定動詞後置（副文内）

◆従属の接続詞に導かれた文や間接疑問文は副文なので、定動詞**後置**。

　(L1) Sie fragen, **ob** Ihre Verse gut |sind|. あなたは自分の詩がよいかどうか尋ねます。
　Ich weiß nicht, **wo** sie |wohnt|. 私は彼女がどこに住んでいるか知らない。
　(L1) Ich kann die Wörter nicht so künstlich einteilen, **dass** sie Schatten und Licht |geben|. 私は、言葉が影や光を与えるほどには、言葉を芸術的にやりくりすることは出来ません。

◆関係文も副文の一種なので、定動詞**後置**。

　(L1) Erforschen Sie *den Grund*, **der** Sie schreiben |heißt|!
　あなたに書くことを命じる根拠を探りなさい。

■副文前置

◆第1位の文成分として副文がある場合、副文は主文の一文成分に過ぎないので、主文は定動詞第2位を守って倒置になる。

　(L3) **Nachdem** die Dete verschwunden war, |hatte| der Öhi sich wieder auf die Bank |hingesetzt|. デーテが姿を消した後、おんじは再びベンチに座った。
　(L3) **Als** es ein wenig stiller wurde, |ging| das Kind um die kommende Ecke der Hütte |herum|. 少し静かになったとき、その子供は山小屋の次の角を曲がった。

■定動詞第1位（決定疑問文、命令文）

決定疑問文や命令文では、一番の関心事は動詞の内容であるから、定動詞は第1位に置かれる。

　(L1) |Muss| ich |schreiben|? 私は書かずにはいられないのか？
　|Wiederholen| Sie bitte! くり返して下さい！

枠構造

平叙文において第2位に置かれる 定動詞 と、 文末に置かれる要素 が緊密な関係を持ち、他の文成分を枠のように囲う構造を**枠構造**と言いドイツ語の特徴を為す。助動詞構文や分離動詞に限らず、定動詞と文末要素の関係が緊密であれば枠構造と言える。

■助動詞構文

(L1) Ich kann nicht poetisch schreiben . （話法の助動詞構文） 私は、詩的に書くことは出来ません。
(L4) Er wird es lange bleiben . （未来） 彼はずっとそのままでしょう。
(L10) Wir haben als Menschen gelernt . （完了） 私達は人間として学びました。
Dieses Buch wird von niemandem gekauft . （受動） この本は誰からも購入されない。

■分離動詞

(L3) Das Kind setzte seine Untersuchungen fort . その子供は、自分の調査を続行した。
(L3) Der Großvater schaute auf . お祖父さんは顔を上げた。

■その他、定動詞と文末要素の関係が緊密な場合

Sie geht heute ins Kino . 彼女は今日映画を観に行く。

■副文内で定動詞後置になる場合

助動詞構文や分離動詞のように動詞が二つの成分から成る文が副文となる場合、副文内は定動詞後置であるから、副文の定動詞は、平叙文において文末に置かれる要素より、さらに後ろに配置される。

Es ist schade, **dass** er nicht poetisch schreiben kann .
　彼が詩的に書くことが出来ないということは、残念だ。
(L7) Er wandte sich in die Richtung, **die** ihm der Alte gewiesen hatte .
　彼は、老人が指し示してくれた方向へ向きを変えた。

名詞の性（国名・地名）

◆地名は固有名詞であるから普通は無冠詞・中性。

Deutschland ドイツ　　　　Japan 日本　　　　Tschechien チェコ
Europa ヨーロッパ　　　　Venedig ヴェニス　　　　Berlin ベルリン

◆男性・女性・複数になる地名、国名も存在する。

die Schweiz 女性：スイス　　die Türkei 女性：トルコ　　die Provence 女性：プロヴァンス
das Salzkammergut 中性：ザルツカンマーグート　　die Niederlande 複数：オランダ
die USA (die Vereinigten Staaten von Amerika) 複数：アメリカ合衆国
die Bundesrepublik Deutschland 女性：ドイツ連邦共和国〈略称 BRD〉
die Deutsche Demokratische Republik 女性：ドイツ民主共和国、旧東ドイツ〈略称 DDR〉

◆山や川、海や湖はそれぞれの性別を持つ。

山は、der Berg（山）が男性名詞であるから、ほぼ男性。例外として、die Spitze（山の頂）や die Kuppe（山の円頂）が付く山は女性。他にも、das Matterhorn（マッターホルン）は、das Horn（角、山の尖峰）なので中性。die Jungfrau（ユングフラウ）は、die Jungfrau（乙女）に由来するので女性。

der Eiger 男性：アイガー		der Brocken 男性：ブロッケン山
die Zugspitze 女性：ツークシュピッツェ		die Alpen 複数：アルプス山脈

川は、der Fluss（川）が男性名詞であるから、ほぼ男性だが、ドイツ語圏周辺の川は、ほとんど女性（ライン川、マイン川、イン川は例外）。der See（湖）は男性、die See（das Land に対する海：北方の海に多い）は女性、das Meer（大陸を隔てる海：南方の海に多い）は中性になる。

der Nil 男性：ナイル川	der Amazonas 男性：アマゾン川	der Mississippi 男性：ミシシッピ川
die Donau 女性：ドナウ川	die Elbe 女性：エルベ川	die Spree 女性：シュプレー川
der Rhein 男性：ライン川	der Main 男性：マイン川	der Inn 男性：イン川
der Bodensee 男性：ボーデン湖	die Nordsee 女性：北海	das Mittelmeer 中性：地中海

名詞の性（接頭辞や接尾辞による見分け方）

■男性名詞

◆ -er や -ler や -ner で終わる、人を表す名詞

der Lehrer 教師　　　der Sänger 歌手　　　der Japaner 日本人　　　der Künstler 芸術家

◆ -ling、-ismus で終わる名詞

der Säugling 乳児　　　der Zwilling 双子　　　der Kapitalismus 資本主義

■女性名詞

◆接尾辞の -in を付けて女性形となった名詞は当然、女性名詞（複数形は -nen）

die Japanerin 日本女性　　　die Studentin 女子学生　　　die Ärztin 女医

◆ -ei や -heit や -keit や -ung や -schaft で終わる名詞。

die Partei 党　　　die Gesundheit 健康　　　die Höflichkeit 慇懃な態度
die Erholung 保養　　　die Bildung 教養　　　die Staatsbürgerschaft 国籍

■中性名詞

◆縮小辞 -chen や -lein を付けた名詞（縮小形）

das Mädchen 少女　　　das Fräulein 未婚の女性　　　das Märchen 童話
(L5) das Tischchen ← der Tisch テーブル　　　(L11) das Jungchen ← der Junge 男の子

◆接頭辞 Ge を持つ集合名詞（der Gedanke など例外も存在する）

das Gebirge 山脈　　　das Gepäck 荷物　　　das Gemälde 絵画

◆ -ment や -um や -tum に終わる名詞（der Reichtum と der Irrtum は例外）

das Experiment 実験　　　das Datum 日付　　　das Bürgertum 市民階級

51

動詞の三基本形

不定詞・過去基本形・過去分詞を**動詞の三基本形**という。過去基本形および過去分詞の作り方により、弱変化動詞、強変化動詞、混合変化動詞、その他に分類される。

■弱変化動詞（規則変化動詞）

語幹は変わらない。		
不定詞	過去基本形	過去分詞
〜en	**〜te**	**ge〜t**
lernen	lernte	gelernt
sagen	sagte	gesagt

不定詞	過去基本形	過去分詞
〜en	**〜te**	**ge〜t**
reisen	reiste	gereist
machen	machte	gemacht

語幹は変わらない。語幹が -t、-d などで終わるもの。		
不定詞	過去基本形	過去分詞
〜en	**〜ete**	**ge〜et**
arbeiten	arbeitete	gearbeitet
reden	redete	geredet

■強変化動詞（不規則変化動詞）

語幹が変わる。過去基本形は語尾が無い。		
三基本形の語幹の母音が**全て異なる**。		
不定詞	過去基本形	過去分詞
〜en	**〜**	**ge〜en**
finden	fand	gefunden
helfen	half	geholfen

不定詞と**過去分詞**の語幹の母音が同じ。		
不定詞	過去基本形	過去分詞
〜en	**〜**	**ge〜en**
fahren	fuhr	gefahren
lesen	las	gelesen

過去基本形と**過去分詞**の語幹の母音が同じ。		
不定詞	過去基本形	過去分詞
〜en	**〜**	**ge〜en**
bleiben	blieb	geblieben
fliegen	flog	geflogen

＊その他、gehen、ziehen などのように、語幹の母音と共に子音も変化する語もあるので注意。

■混合変化動詞（不規則変化動詞）

混合変化に属するのは以下の9つのみ（senden と wenden は、意味によって弱変化動詞にもなる）。

語幹が変わる。過去基本形と過去分詞の語幹の母音が同じ。**弱変化動詞と同じ前綴りと語尾**をとる。		
不定詞	過去基本形	過去分詞
〜en	**〜te**	**ge〜t**
bringen	brachte	gebracht
kennen	kannte	gekannt
wissen	wusste	gewusst

不定詞	過去基本形	過去分詞
〜en	**〜te**	**ge〜t**
brennen	brannte	gebrannt
denken	dachte	gedacht
senden	sandte	gesandt

不定詞	過去基本形	過去分詞
〜en	**〜te**	**ge〜t**
nennen	nannte	genannt
rennen	rannte	gerannt
wenden	wandte	gewandt

■ sein, haben, werden の三基本形

不定詞	過去基本形	過去分詞
sein	war	gewesen

不定詞	過去基本形	過去分詞
haben	hatte	gehabt

不定詞	過去基本形	過去分詞
werden	wurde	geworden

■分離動詞の場合

分離動詞の場合、過去分詞は前綴りと基礎動詞の間に ge- が入り一語で書く。

ab|reisen → 過去分詞：abgereist　　　　auf|stehen → 過去分詞：aufgestanden

■過去分詞で ge- が付かない動詞

第一音節にアクセントを持たない動詞の過去分詞には、ge- という過去分詞の前綴りが付かない。

a) -ieren で終わる弱変化動詞

　　studieren → 過去分詞：studiert　　　kopieren → 過去分詞：kopiert

b) 非分離動詞（前綴りにアクセントを持たない）

　　besuchen → 過去分詞：besucht　　　erleben → 過去分詞：erlebt

LEKTION 1　　　　　　　　　　　　　　　　　　　　　　　　　　　　Brief

手紙の書き方（私信の例）

① Tokio, am 8. April 2013

② Lieber Ken,
③ über Dein Geschenk habe ich mich besonders gefreut 〜
④ Viele liebe Grüße
⑤ Deine
　　　　　　Susanne

①右肩に発信地、日付（間にコンマ）。

②呼びかけは、日本語の手紙の「拝啓」などにあたる。普通の関係であれば、**Sehr geehrter Herr Meyer,** や **Sehr geehrte Frau Meyer,** などとなる。親しい間柄であれば、男性なら **lieber**、女性なら **liebe** などをつける。モーツァルトの手紙の **allerliebst** は「最愛の」の意。かつては呼びかけの後に感嘆符をつけ、続く文章を大文字で書き起こしていたが、現在はコンマで区切る。

③コンマで区切った場合、本文は通常は小文字で書き始める。2人称敬称の **Sie** だけでなく、親称 **du**、**ihr** やそれにまつわる所有冠詞なども頭文字を大文字書きにするのが普通。

④本文のあと、数行空けて結尾文を書く。結尾文は日本語の手紙の「敬具」などにあたる。最も一般的な結尾文は **Mit freundlichen Grüßen** などだが、モーツァルトの手紙のように気持ちを書き添えることもある。**Mit den besten Grüßen verbleibe ich Ihre Susanne** であれば、「心からのご挨拶を添えて、あなたのスザンネより」といった意味になる。

⑤結尾文の下に入れる署名は、書き手が男性なら **Ihr**、**Dein**、**Euer**、書き手が女性なら **Ihre**、**Deine**、**Eure** に続けて自分の名前を自筆で入れるが、現在では多少古く感じられるので、④と⑤をまとめて、**viele Grüße, Susanne** などとする方が普通。

不定代名詞

不特定もしくは一般的な人（man, jemand, niemand, jedermann）や事物（etwas, nichts）を漠然と表す代名詞。ここでは特に名詞的にのみ用いられるものを挙げる。

■ man 世間一般の「人（々）」を漠然と指す

能動文で主語を特定して述べたくない場合などによく使われる。特定の「人」を指しているわけではないので、付加語を付けることは出来ず、man の日本語への訳出も避けるのが普通。その際には、日本語の特性を活かし、主語を言わないという処理をするか、文章全体を受動のように訳出するとうまくいくことが多い。man は動詞の人称変化を考える上では三人称単数として処理する。人称代名詞 er と同様、所有冠詞は sein、再帰代名詞は sich を用いるが、er で受けることは出来ず、man を繰り返す。man は 1 格以外の形を持たず、3 格（einem）、4 格（einen）は不定数詞 ein（→ S. 65）の変化形で代用する。2 格は用いない。

 In Österreich spricht **man** Deutsch. オーストリアではドイツ語が話される。
 Dieses Wetter macht **einen** krank. この天気では病気になってしまう。

■ jemand「誰かある人」、niemand「誰も…でない」

2 格は -[e]s、3 格と 4 格は 1 格と同形か、あるいは 3 格で -em、4 格で -en を伴う。

 Ist **jemand** da? Nein, da ist **niemand**. 誰かここにいますか？ いいえ、ここには誰もいません。
 (L1) **Niemand** kann Ihnen raten und helfen. 誰もあなたに忠告し、助けることは出来ません。
 (L10) Es gibt keine endgültig errungene moralische Vollkommenheit - für **niemanden** und kein Land!
  誰にとっても、どんな国にとっても、究極的に獲得された道徳的完全性は存在しません！

◆関係代名詞や指示代名詞などで受ける際には「男性」扱い。

 (L12) ... obgleich **niemand** mehr da war, der nach Abfertigung verlangt hätte.
  …もはや手続きを済ませてもらおうとする人はそこには誰もいなかったにもかかわらず、

■ jedermann「誰でも」

1・3・4 格は jedermann、2 格は jedermanns

 Jedermanns Freund ist niemandes Freund.
  八方美人（すべての人の友人）は薄情だ（誰の友人でも無い）。

■ etwas「何かあるもの」、nichts「何も…ない」

1・3・4 格とも同形。3 格は前置詞と共に用いられる。2 格は無い。形容詞と共に用いられる場合、形容詞は大文字書きで名詞化され、中性単数の変化形となる（→ S. 69）。

 (L7) Ansehen kostet **nichts**. 見るのはタダだ。
 In der Zeitschrift steht **nichts Neues**. その雑誌には何も新しいことは載ってない。

LEKTION 2　　　　　　　　　　　　　　Grimm: *Der Froschkönig*

接続法

話者の叙述の仕方による動詞の語形変化を**法**と言い、直説法（客観的事実を述べる）、命令法（2人称に向かって命令を述べ、内容の実現を相手に求める）とならんで、**接続法**がある。接続法は、事柄を客観的事実としてではなく、話者の想念として、例えば伝聞や仮定や願望といった形で主観的に述べるときに使う。接続法にはⅠ式とⅡ式があり、Ⅰ式は不定詞の語幹に、Ⅱ式は過去基本形に、それぞれ接続法の語尾を付ける。

接続法Ⅰ式

不定詞の語幹（例：lernen の lern）に、接続法の語尾を付けて作る。接続法Ⅰ式は3人称で使う事が圧倒的に多いので、3人称単数の時だけは明らかに直接法現在形と異なり、語尾が -e になることに注意。直説法現在で語幹が変わる動詞も規則的に不定詞の語幹を使えば良い。sein の接続法の変化に注意。

接続法Ⅰ式

不定詞		lernen	fahren	sprechen	mögen	werden	haben	sein
ich	-e	lerne	fahre	spreche	möge	werde	habe	sei
du	-est	lernest	fahrest	sprechest	mögest	werdest	habest	sei[e]st
er, sie, es	**-e**	**lerne**	**fahre**	**spreche**	**möge**	**werde**	**habe**	**sei**
wir	-en	lernen	fahren	sprechen	mögen	werden	haben	seien
ihr	-et	lernet	fahret	sprechet	möget	werdet	habet	seiet
sie (Sie)	-en	lernen	fahren	sprechen	mögen	werden	haben	seien

■要求話法

実現の可能性のある願望や祈願、要求、取り決めなどを表す。成句で多く用いられる。

　　Es **lebe** die Freiheit!　自由万歳！

　　Gott **sei** Dank!　良かった！（直訳は「神に感謝あれ！」の意で、Gott は3格、Dank が主語。）

◆「話法の助動詞 mögen の接続法Ⅰ式＋不定詞」で言い換えて、願望を表現することが出来る。

　　Du **mögest** bald gesund werden!　君がすぐに健康になりますように！

◆敬称の Sie に対する命令（→ S. 57）は、接続法Ⅰ式要求話法を用いたものである。

　　Nehmen Sie Platz!　おかけください！

◆「…とする」といった取り決めを表して、数学の問題や論文などで使用する。

　　A **sei** 1, B **sei** 6, C **sei** 7.　Aの値を1とし、Bの値を6とし、Cの値を7とする。

■間接話法

人の言葉を引用する際、引用符をつけてそのまま伝える**直接話法**と、引用符無しで間接的に引用する**間接話法**がある。間接話法では、人の言葉の内容を発話者の立場で言い直すことによって、その内容が事実であるか否かが必ずしも保証出来ないという態度を表しており、会話文の定動詞を接続法Ⅰ式にする。

Ⅰ式が直説法現在と同形の場合にはⅡ式で代用する。現在では、間接話法でのⅠ式の使用は新聞などの記述に見られるが、話し言葉ではⅡ式もしくは直説法を多く用いる。

直接話法から間接話法に転換するには、会話文の代名詞の人称を、間接話法の発話者の立場からのものに改め、定動詞を接続法に変える。英語のような主文との時制の一致は考慮しなくてよい。平叙文では、従属の接続詞 dass を用いる。dass を省略すれば定動詞正置となる。疑問詞のある疑問文では、疑問詞を従属の接続詞に転用して副文を作る。疑問詞の無い疑問文の場合は、従属の接続詞 ob を用いる。命令文の間接話法は、sollen のⅠ式を用いる。

直接話法： Er sagte: „Ich lerne Deutsch."
→ 間接話法：Er sagte, er **lerne** Deutsch. (= Er sagte, dass er Deutsch **lerne**.)

直接話法： Ihr Vater aber fragte: „Wer ist da?"
→間接話法： (L2) Ihr Vater aber fragte, wer da **sei**.
しかし、彼女の父は、そこにいるのは誰だと、尋ねた。

直接話法： Die Königstochter hörte nicht auf den Frosch, der ihr nachrief: „Nimm mich mit!".
→間接話法： Die Königstochter hörte nicht auf den Frosch, der ihr nachrief, sie **solle** ihn mitnehmen.
王女は、一緒に連れて行ってくれるよう後ろから呼びかける蛙に、耳を傾けなかった。

LEKTION 3　　　　　　　　　　　　　　　　　　　　　Spyri: *Heidi*

命令

ドイツ語の三種類の**法**のうち、話し相手（2人称）に対して命令や要求をする時には、**命令法**を使う。命令法は2人称の形のみで、相手の呼び方によって形が異なる。厳密には、du と ihr に対する命令に用いられるのが命令法であり、敬称の Sie に対しては接続法Ⅰ式（要求話法→ S. 55）を用いる。

■ du（君）に対する命令〈命令法〉

「語幹 + e！」（文語）／「語幹！」（日常語）　　**Mache** Sport! / **Mach** Sport!　スポーツをしなさい！

◆多くの語は日常語では「語幹！」の形で用いられるのが普通であり、「語幹 + e！」の形は文語。

(L3) So **komm**!　では、おいで！

(Zu Beginn) **Habe** Mut, dich deines eigenen Verstandes zu bedienen!
汝自身の悟性を用いる勇気を持て！

◆語幹が -d, -t に終わる動詞（現在人称変化で語尾に e を補う語）や、語幹が -ig, -el, -er に終わる動詞は「語幹 +e！」の形のみとなる。

Warte, Königstochter, und **nimm** mich mit!　王女様、待って！　僕を一緒に連れて行って！

◆現在人称変化2人称親称単数・3人称単数で語幹の **e** が **i** もしくは **ie** に変音する動詞は、命令法でも語幹の母音が変音する。この際には、語尾の -e を付ける形は用いない。werden は例外で、du に対する命令は werde! となる。

 (L3) **Nimm** dort dein Bündel Kleider noch **mit**!　そこにあるお前の服の包みも持ってきなさい！
 (L4) **Befiehl** den letzten Früchten voll zu sein!　最後の果実に熟すよう命じてください！
 Stirb und **werde**!　死して成れ！（ゲーテ：西東詩集）

◆ sein は、語幹 sei で命令形となる。

 Sei ruhig!　静かに！　　　　　　　　　**Sei** vorsichtig!　気をつけて！

■ ihr（君達）に対する命令〈命令法〉
直説法の現在人称変化形と同形になる。
語幹が d や t で終わる動詞に注意。

 Nehmt den Regenschirm **mit**!　傘を持って行きなさい！
 Seid ruhig!　静かに！　　　　　　　　　**Antwortet**!　　答えよ！

■ 敬称 Sie に対する命令の表現〈接続法Ⅰ式・要求話法〉
単数・複数とも、語幹に語尾として en (-eln, -ern の場合は、n) を付ける。動詞の後に必ず主語として Sie を置く。したがって、動詞の形は基本的に不定詞と同形に見えるが、2人称敬称の命令には接続法Ⅰ式（→ S. 55）が使用されている。そのことは、動詞 sein の敬称の Sie に対する命令に seien という形を用いることで確認できる。結果、sein に関しては不定詞と異なる形を用いるので例外的な形だと誤解しがちだが、もちろん、これも接続法Ⅰ式である。

 Warten Sie!　お待ちください！　　　　　**Seien Sie** vorsichtig!　お気をつけください！

■ 1人称複数に対する提案、促し「…しよう」〈接続法Ⅰ式・要求話法〉
 Gehen wir essen!　食事に行こう！　　　**Seien wir** pünktlich!　時間を守ろう！

指示代名詞 derselbe
「同一の（人・物）」の意味。付加語的にも名詞的にも用いられる。der の部分は定冠詞 der と同じ変化、-selb- の部分は形容詞の弱変化をする。比較の対象を示すときは、wie を用いる。

 Krabat trägt jeden Tag **dasselbe** Hemd.　クラバートは毎日同じシャツを着ている。（付加語的用法）
 Sie ist immer **dieselbe**.　彼女は相変わらずだ。　　　　　　　　　　　　　（名詞的用法）

 Krabat isst **dasselbe** Essen **wie** Tonda.　クラバートはトンダと同じ食べ物を食べる。
 (L3) Als das Kind den Großvater noch in **derselben** Stellung erblickte, **wie** es ihn verlassen hatte, …
  その子供が、離れた時とまだ同じ姿勢でいるお祖父さんを見つけた時、…

LEKTION 4　　　　　　　　　　　　　　　　　　　Rilke: *Herbsttag*

不定関係代名詞

関係代名詞には、先行詞を必要とする**定関係代名詞**（→ S. 59）と、先行詞をそれ自身のなかに含み先行詞を必要としない**不定関係代名詞**（**wer, was**）がある（不定関係代名詞 was については → S. 67）。

不定関係代名詞は不特定の人や事物を指示する。

不定関係代名詞 wer

「…する人［は誰でも］」の意。不特定の人を表す。変化は疑問代名詞と同じ。wer に導かれた関係文は主文の前に置かれることが多く、不定関係代名詞の主文における役割を明示するために、後続の主文の先頭には、男性の指示代名詞 der の格変化形を置くことが出来る。wer と der が共に1格・共に4格など対応関係が明確な時には指示代名詞は特に必要ないが、分かりづらい場合は追加するのが普通。

Wer nicht wagt, **der** nicht gewinnt.
　　敢えて行わない人は、（その人は）得ない（虎穴に入らずんば虎児を得ず）。

(L4) **Wer** jetzt allein ist, [**der**] wird lange Briefe schreiben.
　　今、孤独でいる人は、（その人は）長い手紙を書くでしょう。

Wen ich einmal gesehen habe, **den** behalte ich im Gedächtnis.
　　私は一度会った人のことを、覚えています。

1格	wer
2格	wessen
3格	wem
4格	wen

指示代名詞 der, die, das, die（1）

特定の人や事物・概念を、遠近に関係無く直接指示するとき用いる。

単独で用いる独立用法（これ、それ、あれ）では右の表のように変化する（2格と複数3格以外は定冠詞と同じ変化）。

	男性	女性	中性	複数
1格	der	die	das	die
2格	dessen	deren	dessen	deren (derer 稀)
3格	dem	der	dem	denen
4格	den	die	das	die

Kennst du Martin? — Ja, **den** kenne ich.
　　君はマルティンを知っていますか？　—はい、私はあの人を知っています。

(L9) Ein Mann wohnt im Haus, **der** spielt mit den Schlangen.
　　ひとりの男が家に住み、その人は蛇達と戯れる。

◆指示代名詞が付加語を伴う事がある（**der** da あれ、**das** hier これ）。

Kennst du **den** da?　Ja, **den** kenne ich.
　　君はあの男を知っていますか？　はい、私はあの人を知っています。

◆指示代名詞は、不定関係代名詞に導かれた副文を受けて、格関係を明示するために用いることがある。
（格の対応関係が明瞭であれば、特に追加しなくてもよい。）

(L4) **Wer** jetzt kein Haus hat, [**der**] baut sich keines mehr.
　　いま家を持たない者は、（その人は）もはや家を築かない。

◆ das は、Das ist …1格. の形で、紹介文としてよく用いられる。
  Das ist mein Freund.　これは私の友人（単数）です。
  Das sind meine Freunde.　これは私の友人達（複数）です。
  あくまで指示代名詞 das が文章の主語ではあるが、定動詞の形は述語内容語の単複に引きずられる。

指示代名詞2格 dessen, deren の用法

指示代名詞2格は、文中で既に言及された名詞を受ける。

(L1) Mozart an *seinen Vater* zu **dessen** Geburtstag
　　彼（モーツァルト）の父に宛てた、（その父の）誕生日に関しての、モーツァルト（の手紙）

◆ 所有冠詞 sein や ihr を用いると所有・所属関係が不明瞭になる場合、指示代名詞2格の **dessen**、**deren** を用いることがある。この用法では、複数2格は **deren** を使用する（複数2格の **derer** は、関係代名詞の先行詞として稀に用いられる→ S. 68）。

　　　　　　　　　　　　　　　　　　指示代名詞・女性・単数2格
Maria ging mit *ihrer Freundin* und **deren** Mann ins Theater.
　　マリーアは、彼女の女友達と、その女友達の夫と劇場へ行った。

　　　　　　　　　　　　　　　　　所有冠詞「彼女の」・男性・単数・3格
Maria ging mit ihrer Freundin und **ihrem** Mann ins Theater.
　　マリーアは、彼女の女友達と、彼女（マリーア）の夫と劇場へ行った。

LEKTION 5　　　　Goethe: *Die Leiden des jungen Werthers*

定関係代名詞（1）

定関係代名詞は、ある一つの文を、他の文の語句に関係させる語であり、同じ名詞を含む二つの文を結びつける働きをする。
定関係代名詞には **der** と **welcher** があるが、後者は文語的。定関係代名詞 der は弱めのアクセントを持ち、長音。指示代名詞 der の独立用法と同じ変化をする（→ S. 58）。

	男性	女性	中性	複数
1格	der	die	das	die
2格	dessen	deren	dessen	deren
3格	dem	der	dem	denen
4格	den	die	das	die

関係代名詞に導かれ他の文に従属する文を**関係文**と言う。主文のなかで関係付けられる語句を**先行詞**と言う。定関係代名詞に導かれた関係文は先行詞の後に置かれ、必ず間を**コンマ**で区切る。関係文は副文の一種であるから、関係文中の定動詞は**後置**される。英語のように関係代名詞が省略されることはない。

　コンマで区切る　　**die** freundlich und munter **ist**　　コンマで区切る
Eine gute Wirtin,　　　　　　　　　　　　　　　　, schenkt Wein, Bier, Kaffee aus.
　　愛想がよく快活で感じがいい女主人が、ワインやビールやコーヒーを売っている。

■関係代名詞の性・数は先行詞と一致し、格は関係文中での役割によって決まる
(A) Ungefähr eine Stunde von der Stadt liegt **ein Ort**.　街から約１時間のところにある村がある。
(B) Sie nennen **den Ort** Wahlheim.　彼等はその村をヴァールハイムと呼ぶ。

⬇

(A) の文中の ein Ort は、男性名詞で単数。(B) の文中で den Ort は、nennen という他動詞の目的語（４格）。

Ungefähr eine Stunde von der Stadt liegt *ein Ort*, **den** sie Wahlheim nennen.

〔先行詞〕　〔コンマで区切る〕　〔関係代名詞。男性・単数・４格〕　〔関係文の定動詞後置〕

街から約１時間のところに、彼等がヴァールハイムと呼ぶ村がある。

(L5) ... und wunderschön sind *zwei Linden*, **die** mit ihren Ästen *den kleinen Platz* vor der Kirche bedecken, **der** von Bauernhäusern, Scheunen und Höfen eingeschlossen ist.
　　そして、とてもすばらしいのが、その枝で教会の前にある、農家の家屋や納屋や農場に囲まれている小さな広場を覆い隠している二本の菩提樹だ。

(L5) Ich fügte den Zaun, ein Scheunentor und *einige gebrochene Wagenräder* bei, **die** hintereinander zu sehen waren.
　　私は、垣根、納戸の戸口、並んで見えた幾つかの壊れた車輪を付け加えた。

(L3) Heidi entdeckte *den Geißenstall*, **der** an die Hütte angebaut war.
　　ハイジは、山小屋に建て増された山羊舎を発見した。

関係副詞 wo

関係副詞のうち、場所を表す語を先行詞とする wo はよく用いられる。先行詞が普通名詞であれば「前置詞＋定関係代名詞」（→ S. 64）で言い換えることが出来る。

Salzburg ist *die Stadt*, **wo** (= in der) Mozart geboren ist.
　　ザルツブルクは、モーツァルトが生まれた街だ。

◆先行詞が国名や地名などの固有名詞および副詞の場合は、関係副詞のみが用いられる。
Ich bin jetzt in *Duino*, **wo** (in dem で書き換えることは出来ない) Rilke die erste Duineser Elegie schrieb.　リルケが、「ドゥイノの悲歌（第一歌）」を書いたドゥイノに、私は今いる。
Ich wohne *dort*, **wo** (in der で書き換えることは出来ない) er früher wohnte.
　　彼がかつて住んでいたところに僕は住む。

＊上記の文 Ungefähr eine Stunde von der Stadt liegt *ein Ort*, **den** sie Wahlheim nennen. の関係代名詞 den は、関係文中での役割が nennen の目的語４格であり、場所を表す前置詞句ではないので、ein Ort を先行詞としてはいるが、関係副詞 wo で言い換えることは当然出来ない。

◆主文中の先行詞の副詞は省略されることがある。
Ich wohne, **wo** er früher wohnte.
(Zu Beginn) **Wo** ein Wille ist, ist auch ein Weg.　意志あるところに、道あり。

LEKTION 6　　　　　　　　　Sprichwörter, Zitate, Aphorismen

接続法Ⅱ式（1）

直説法過去基本形に、接続法Ⅰ式と同じ語尾を付けて作る。過去基本形が -e で終わっている場合には -e を重複させない。結果、弱変化動詞は直接法過去と同形になる。強変化動詞では変音出来る幹母音 a、o、u は変音させる。

接続法Ⅱ式

不定詞		lernen	gehen	kommen	können	sein	werden	haben	sollen
過去基本形		lernte	ging	kam	konnte	war	wurde	hatte	sollte
ich	(¨)e	lernte	ginge	käme	könnte	wäre	würde	hätte	sollte
du	(¨)est	lerntest	gingest	kämest	könntest	wärest	würdest	hättest	solltest
er, sie, es	**(¨)e**	**lernte**	**ginge**	**käme**	**könnte**	**wäre**	**würde**	**hätte**	**sollte**
wir	(¨)en	lernten	gingen	kämen	könnten	wären	würden	hätten	sollten
ihr	(¨)et	lerntet	ginget	kämet	könntet	wäret	würdet	hättet	solltet
sie (Sie)	(¨)en	lernten	gingen	kämen	könnten	wären	würden	hätten	sollten

■仮定話法（非現実話法）

接続法Ⅰ式が事実・実現の可能性が潜在的にある場合に用いられるのに対し、接続法Ⅱ式は事実・実現の可能性が全くないか非常に乏しい場合に用いるのが原則となる。「もし～ならば」と実現しそうもない仮定を述べる条件文（wenn 文など）と、「そうであれば…だろう、…なのだが」と帰結を述べる主文からなる表現。

　　Wenn ich Zeit **hätte**, **käme** ich zu dir.
　　　時間があれば君の所に行くのですが（時間がないので実際は行かない）。

　（L11）Oder ist Recht, was durchgesetzt und befolgt werden **müsste**, wenn alles mit rechten Dingen **zuginge**?　それとも、諸々全て胡散臭くないのであれば励行され遵守されねばならないであろうことが、法であるのか？

◆wenn を省略して、定動詞を文頭に置く形もある。→ **Hätte** ich Zeit, **käme** ich zu dir.

◆仮定の条件は、wenn 文ではなく、前置詞句や文脈などによって表現される場合もある。

　（L6）Ohne Musik **wäre** das Leben ein Irrtum.　音楽無しでは人生は誤謬となろう。

◆「würde .... 不定詞」の形での言い換え

実際の運用上は、接続法Ⅱ式を単独で表す代わりに、未来の助動詞 werden の接続法Ⅱ式を使う事が多い。一旦直説法未来に書き換えた上で、未来の助動詞 werden を接続法Ⅱ式にする（würde .... 不定詞）と考えると良い。特に、Ⅱ式の形が直説法過去と同形の場合（例：lernen → wir lernten）や、直説法現在と似ている場合（例：lesen → ich läse）などはこの言い換えが多用される。また大部分の強変化動詞のⅡ式は既に古形となっており、この言い換えを使う。

　　Wenn ich viel Zeit **hätte**, **würde** ich gerne dieses Buch lesen.
　　　時間がたくさんあったら、この本を読みたいのですが。

◆実現不可能な願望（仮定部分だけを独立して用いる。doch や nur などを伴う。）
　Wenn ich doch Zeit **hätte**!（= **Hätte** ich doch Zeit!）　時間がありさえすればなぁ。

接続法の時称

直説法の6時称に対して、4時称のみ。直説法の過去・現在完了・過去完了にあたるものを接続法では**過去**で表す。

	現在	過去・現在完了・過去完了	未来	未来完了
直説法	er lernt	er lernte　　　（過去） er hat ... gelernt　（現在完了） er hatte ... gelernt（過去完了）	er wird ... lernen	er wird ... gelernt haben

	現在	過去	未来	未来完了
接続法Ⅰ式	er lerne	er habe ... gelernt	er werde ... lernen	er werde .... gelernt haben
接続法Ⅱ式	er lernte	er hätte ... gelernt	er würde ... lernen	er würde ... gelernt haben

LEKTION 7　　　　　　　　　　　　　　　　　Preußler: *Krabat*

接続法Ⅱ式（2）

■外交的接続法

要求や意見を述べる際に、直説法の代わりに接続法Ⅱ式を用いることで、「もし許されるのであればそうしたい」という意識で仮定的に述べる婉曲表現となる。これを**外交的接続法**と言う。丁寧な欲求や依頼、推量、控えめな意見の表明などを表す。

　(L7) Ich **möchte** dich warnen.　私は君に警告したいのですが。
　Ich **hätte** gern die goldene Kugel.　私はその金の鞠が欲しいのですが。
　Könnten Sie mir meine goldene Kugel wieder holen?　私の金の鞠を取り戻していただけますか？
　Es **dürfte** morgen Regen geben.　明日は雨になるだろう。
　Das **wäre** das Beste.　それがベストでしょうね。
　(L1) Das vor allem **dürften** Sie jetzt nicht tun.
　　　とりわけ、そういうことを、あなたは今してはいけませんよ。

■ als ob

als ob に導かれる従属節は、「あたかも…のように」と非現実な喩えを表す。現実に反する内容を表すので、基本的に接続法Ⅱ式を用いるが、接続法Ⅰ式が用いられることもある。

　Er tat so, **als ob** nichts geschehen wäre.（Ⅱ式）　彼は何事も無かったふりをした。
　Er unterbrach sich, **als ob** er schon zu viel gesagt habe.（Ⅰ式）
　　　彼は、あたかももう喋りすぎたかのように、話を中断した。

◆ als ob の ob は省略されることもある。その場合には、省略した ob の位置に定動詞を置く。

(L7) Er unterbrach sich, **als** habe er schon zu viel gesagt.（Ⅰ式）

(L12) ..., **als ob** das Geschäft im flottesten Gange sei ...
→ ..., **als** sei das Geschäft im flottesten Gange ...（Ⅰ式）
…、あたかも職務がすいすいと進行しているかのように、…

(L12) ..., etwa **als** besorgte er, der Reisende möchte in seinem Entschluss, nach Venedig zu fahren, noch wankend werden.（Ⅱ式）
あたかも彼が、なんとなく、この旅行者がヴェニスへ行く決心においてまたぐらつかないか、心配しているかのように。

所有の3格

3格には、helfen や danken といった自動詞の目的語として用いられる3格や、geben や schenken といった他動詞と共に間接目的語として用いられる3格の用法の他に、特定の動詞や形容詞の支配を受けない**自由な3格**（freier Dativ）という用法がある。自由な3格は、ここで述べる「所有」の他に、「利害」や「関心」を表すこともある。

■所有の3格

3格が身体の部位の所有者を表す。身体の部位を表す名詞には定冠詞が付き、主に4格となる。

Ich wasche **dem Kind** die Hände.　私は子供の手を洗う。

(L1) Ich küsse **dem Papa** 1000mal die Hände.
私はパパの手に1000回キスをします。

(L7) Er musste **sich**^{3} die Augen wischen.　彼は自分の目を拭わねばならなかった。

◆身体の部位は、4格だけでなく、前置詞目的語によって表される場合もある。

(L7) Der Wind trieb **ihm** Schneekörner ins Gesicht.　風が彼の顔に雪の粒を吹きつけた。

＊所有の3格が代名詞であれば所有冠詞によって、名詞であれば2格によって、言い換え出来ないわけではないが、「所有の3格」の方がよりドイツ語的な表現と言える。例えば、「私は彼の手を洗う」と言うときには、Ich wasche seine Hände. より、Ich wasche ihm die Hände. の方が自然。

＊自分自身の身体の部位に対する行為を表すには、再帰代名詞3格を使う。以下の文例の場合、所有冠詞を用いると、「別の」彼の手を洗うという意味になる。

Er wäscht sich^3 die Hände.　彼は自分の手を洗う。
Er wäscht seine Hände.　彼は（主語の彼とは別の）彼の手を洗う。

LEKTION 8　　　　　　　　　　　　　　Kafka: *Die Verwandlung*

分詞構文

分詞句が副文と同じ役割を果たす場合、分詞構文と言う。例えば従属の接続詞に導かれた、主語と動詞が整った副文を、接続詞や主語を省き動詞を分詞にすることで短縮したものなどを指す。以下の箇所は、関係文を分詞構文にしたものと考える。

　... *eine Dame* dar, **die** mit einem Pelzhut und einer Pelzboa versehen war, ...
　　　⬇　　　　　　　　毛皮の帽子と毛皮の襟巻きを身につけた婦人　（関係文）
　(L8) ..., mit einem Pelzhut und einer Pelzboa **versehen**, ...
　　　毛皮の帽子と毛皮の襟巻きを身につけ、…（分詞構文）

定関係代名詞（2）前置詞が先行するケース

通常、定関係代名詞は関係文の先頭に置かれるが、定関係代名詞が前置詞に支配される場合のみ前置詞が関係代名詞に先行する。

　Über **dem Tisch** hing das Bild.　テーブルの上の方に、写真が掛かっている。
　Auf **dem Tisch** war eine auseinandergepackte Musterkollektion von Tuchwaren ausgebreitet.　テーブルの上に、荷ほどきされた布地の商品見本が広げられていた。
　　　⬇　　　　　　　　3格支配の前置詞と、それに続く定関係代名詞の男性・単数・3格
　(L8) Über *dem Tisch*, auf **dem** eine auseinandergepackte Musterkollektion von Tuchwaren ausgebreitet war, hing das Bild.
　　　荷ほどきされた布地の商品見本が広げられたテーブルの上の方に、写真が掛かっていた。

定関係代名詞2格

2格の定関係代名詞 dessen, deren は、名詞の前に付加される付加語的用法で多く使用される（動詞や形容詞の目的語として単独で用いられる独立的用法は稀）。

■付加語的用法

付加語的用法の際、冠詞類は省略される。付加語的用法の2格は、形容詞の格変化に影響を与えない。定関係代名詞2格に続く形容詞があった場合、冠詞類は省略されているので、形容詞は強変化語尾をとる。

　Sein Zimmer war ein richtiges Menschenzimmer.　　Die Wände des Zimmers waren ihm wohlbekannt.
　　彼の部屋はまともな人間の部屋だった。　　　　　　部屋の壁は彼にとってよく知るものだった。
　　　　　　　　　　　　　　⬇
　　　　　先行詞
　Sein Zimmer, **dessen** Wände ihm wohlbekannt waren, war ein richtiges Menschenzimmer.
　　その壁が彼にとってよく知るものであるところの彼の部屋（彼がその壁をよく知っている自分の部屋）は、まともな人間の部屋だった。

> 先行詞 Zimmer に従って定関係代名詞は中性・単数。関係代名詞が表す sein Zimmer は、元の文で des Zimmers となっていることからも分るとおり関係文中で2格として働いている。定関係代名詞2格が付いた Wände の定冠詞は省略される。

■付加語的用法の定関係代名詞 2 格に前置詞が先行するケース

Er sah *seinen gewölbten Bauch*,
　　　　　　　　　　先行詞
　　　　　　　auf **dessen** Höhe sich die Bettdecke kaum noch erhalten konnte.

　　　　　　　　彼は、彼の膨らんだ腹を見た。その腹の盛り上がりの上に掛け布団がほとんど落ちそうになってまだ辛うじてバランスを保っていた。

> 先行詞に従って定関係代名詞は男性・単数。die Höhe seines Bauches という関係になるので、定関係代名詞 2 格の付加語的用法になっている。その 2 格の定関係代名詞が付加された Höhe は、3 格支配の前置詞 auf に支配されているわけだから 3 格である。
> ＊この文で、もし仮に、関係代名詞の 2 格に続く形容詞（例として rund を付ける）があった場合、その形容詞は直接前置詞の格支配を受ける。この場合であれば、3 格支配の auf が、女性名詞 Höhe に付加された形容詞の変化語尾を決定する。冠詞類は省略されるわけだから、形容詞の語尾変化は強変化である。この場合、強変化・女性 3 格で rund*er* になる。
> 例）...... *seinen gewölbten Bauch*, auf **dessen** rund*er* Höhe ......

枠外配置

ドイツ語の特徴を為す**枠構造**であるが、比較の対象を表す als や wie に導かれた句や、zu 不定詞句、同格や長い前置詞句などは、文の理解を容易にするために枠構造の後に置くことがある。
　＊関係文においても、さほど関係文が長くない場合や、先行詞が曖昧になる文脈では枠外配置は避けた方がよいが、以下の文のように関係文が長い場合には必要となる。

　(L8) Es **stellte** *eine Dame* **dar**, die aufrecht dasaß und einen schweren Pelzmuff dem Beschauer entgegenhob.
　　　　そこに写っているのは、まっすぐ座り、重い毛皮のマフを見る者に向かって掲げた、一人の婦人であった。

LEKTION 10　　　　　　　Weizsäcker: *Rede vom 8. Mai 1985*

不定数詞

漠然とした数量を表す。付加語的にも名詞的にも用いる。付加語としては冠詞・形容詞として機能し、独立して名詞的に用いれば不定代名詞に分類される。
以下の ein、kein の他にも、dieser 型の変化をする aller「すべての」や jeder「各々の」や mancher「かなりの、いくらかの」、形容詞型の変化もしくは無語尾で用いる viel「多く」や wenig「少し」、不変化の ein bisschen「少量の」や ein paar「少数の」などがある。

■ ein「ある人／物、誰／何か、ひとり、ひとつ」、kein「誰／何も…ない」

独立用法では、dieser 型の変化をする（口語では中性 1・4 格の -es を -s と短縮する）。
付加語的用法では、それぞれ、不定冠詞 ein、否定冠詞 kein となる。

　Hast du **ein** Auto?　君は車を持っていますか？　　Ja, ich habe **ein[e]s**.　はい、一台持っています。
　　　　　　付加語的用法（不定冠詞）　　　　　　　　　　　　　　独立用法（不定代名詞）

　(L12) Er war **einer** der bedeutendsten Schriftsteller.　彼は、最も重要な作家の一人だ。

◆不定数詞の ein は、ander と呼応して用いられることがある。レッスン 9 のツェランの詩の ihr einen ihr andern も、その一例。

(L10) **Der eine** kehrte heim, **der andere** wurde heimatlos.
ある人は故郷に帰り、また他の人は故郷を失うことになりました。

指示冠詞 dieser, jener

定冠詞に準ずる格変化をする定冠詞類のうち、dieser や jener や solcher は、指示冠詞に分類される。dieser は「この、これ」、jener は「あの、あれ」を意味し、付加語的にも、独立的にも用いられる。dieser は近くのもの、jener は遠くのものを指すと説明されるが、現在ほとんどこの意味で jener は使用されない（特に遠近を明示するときには、hier や dort を付加する）。お互いの対応関係が特にあるときには jener を「あちらの、前者の」、dieser を「こちらの、後者の」という意味で文脈を指示するために使用することがある。

Sie möchte nicht **diese**, sondern **jene** Kugel.　彼女はこちらではなく、あちらの鞠が欲しい。

Es gibt zwei Wege nach Schwarzkollm, **dieser** ist direkt, **jener** ist länger, aber schöner.
シュヴァルツコルムへの道はふたつある。こちらは最短で、あちらはより長い道のりだが快適だ。

(L10) **Dieser** wurde befreit, für **jenen** begann die Gefangenschaft.
この人は解放され、あの人にとっては、捕虜の状態が始まりました。

再帰動詞

再帰代名詞と結合して一体となり、まとまった意味を表す動詞を**再帰動詞**と言う。普通の他動詞も再帰動詞として用いられることがある。

■3格の再帰代名詞と結合する再帰動詞は、4格の目的語をとるものが多い。

Krabat **nimmt sich**^{3} eine Reise **vor**.　クラバートは旅をしようと決心する。

Das kann ich **mir** lebhaft **vorstellen**.　私はそれを生き生きと想像することが出来る（それはよく分かるよ）。

■4格の再帰代名詞と結合する再帰動詞は、特定の前置詞をとるものが多い。

Wir müssen **uns**^{4} **beeilen**.　我々は急がねばならない。

Ich habe **mich erkältet**.　私は風邪をひいた。

Ich habe **mich** dazu **entschlossen**, morgen abzureisen.　私は明日出発しようと決心した。

(L5) Ich **setzte mich** auf einen Pflug.　私は鋤の上に腰を下ろした。

(L7) Er **unterbrach sich**^{4}, als habe er schon zu viel gesagt.
彼は、あたかももう喋りすぎたかのように、話を中断した。

(L10) Wir wollen ihnen helfen, **sich**^{4} auf die geschichtliche Wahrheit nüchtern und ohne Einseitigkeit **ein**z**ulassen**.
私達は、彼等が、歴史の真実に冷静で偏向無く関わる手助けをするつもりです。

(L11) Ich **erinnere mich**, dass im Seminar über das Verbot rückwirkender Bestrafung

diskutiert wurde.
遡っての処罰の禁止についてゼミで討論がなされたことを僕は覚えている。

LEKTION 11　　　　　　　　　　　　　　Schlink: *Der Vorleser*

不定関係代名詞 was

■不定関係代名詞 was（先行詞無し）
「［およそ］…するところの物／事」の意。不特定の事物を表す。変化は1格と4格（共に was）のみ。was に導かれた関係文は主文の前に置かれることが多く、不定関係代名詞の主文における役割を明示するために、後続の主文の先頭には、中性の指示代名詞 das（→ S. 58）の格変化形を置くことが出来る。was と das が共に1格・共に4格など対応関係が明確な時には指示代名詞は特に必要がないが、分かりづらい場合は追加するのが普通。

　　Was du gesagt hast, [das] ist richtig.　君が言ったことは正しい。
　　(L11) **Was** ich genauer wissen wollte, [das] wusste sie oft nicht mehr.
　　　　僕がもっと詳しく知りたかったことを、彼女はしばしばもう覚えていなかった。

■不定関係代名詞 was（先行詞あり）
不定関係代名詞は原則として先行詞をとらないが、指示代名詞 das や不定数詞 alles や不定代名詞 etwas や nichts、中性名詞化した形容詞（特に最上級）などを先行詞としてとる場合がある。

　　Das ist *das Schönste*, **was** ich je gesehen habe.
　　　　これは、私がこれまでに見たうちで最も美しいものだ。
　　(L10) Die Jungen sind nicht verantwortlich für *das*, **was** damals geschah.
　　　　若い人達は当時起こったことに対する責任はない。

■前文の文意を受ける不定関係代名詞 was
先行する句や文の意味内容が先行詞となる。

　　Die Königstochter hat das Versprechen gebrochen, **was** der König nicht gut findet.
　　　　王女は約束を破った。そのことを王様は良くないと思う。

指示代名詞 der, die, das, die（2）

◆関係文の先行詞として関係文を受けることがある。
　＊上述のように先行詞として不定関係文を受ける。
　＊定関係代名詞の先行詞として、これから述べる関係文の内容を先取りする。

　　Heute treffe ich ***den***, der mir damals geholfen hat.
　　　　今日、私は、私をあの時に助けてくれた人にお会いします。
　　(L11) Der Professor (…) nahm an diesen Diskussionen (…) mit der Distanz **dessen** teil, der für die Lösung eines Problems nicht mehr auf Gelehrsamkeit setzt.
　　　　教授は問題の解決の為に該博な知識をもはや当てにしないような人の距離でこれらの議論に参加した。

＊複数２格の derer は、このような関係代名詞の先行詞としてのみ稀に用いられる。
  Die Namen **derer**, die mir geholfen haben, werde ich nicht vergessen.
  　　　　　 指示代名詞　　　　関係代名詞　　　　私を助けてくれた方々のお名前を私は忘れないでしょう。

◆指示代名詞は、前置詞句あるいは２格を後に付加語として伴って同語の反覆を回避する為に使用することがある。

  (L11) Mein Hund ist kleiner als **der** meines Freundes
  　　　　　　　　　　　　　　　　 指示代名詞　　　２格
  　　　　　　　　　　　　　　　　　　　　　私の犬は、私の友人のそれ（犬）より小さい。

◆指示代名詞の中性形の das は、前文（もしくは後続文）の意味内容を受けることがある。
  Die Königstochter wird mit dem Frosch essen, denn **das** hat sie versprochen.
  　　王女は、その蛙と食事をするだろう。そのことを彼女は約束したのだから。

  (L11) **Das** alles erzählt sie.　それらのこと全てを彼女は語った。

LEKTION 12　　　　　　　　　　　　　　　Mann: *Der Tod in Venedig*

形容詞の名詞化

形容詞は、名詞を伴わず、頭文字を大文字書きして名詞的に用いることが出来る。形容詞の付加語的用法と同一の語尾変化をする。

◆男性形・女性形・複数形は、形容詞の示す性質の人を表す。冠詞の種類や有無、語尾によって、男性・女性・複数等を表現出来る。

	男性	女性	複数
１格	der Deutsche ein Deutscher	die Deutsche eine Deutsche	die Deutschen Deutsche
２格	des Deutschen eines Deutschen	der Deutschen einer Deutschen	der Deutschen Deutscher
３格	dem Deutschen einem Deutschen	der Deutschen einer Deutschen	den Deutschen Deutschen
４格	den Deutschen einen Deutschen	die Deutsche eine Deutsche	die Deutschen Deutsche

  (L3) **der Alte** その老人（男性・単数）、**ein Alter** ひとりの老人（男性・単数）、**die Alten** その老人達（複数）
  Der Arzt besucht **den Kranken**.　その医者は、その患者（男性・単数・４格）を往診する。
  Er ist **Deutscher**, aber seine Frau ist **keine Deutsche**.
  　　彼はドイツ人だが、彼の妻はドイツ人ではない。
  Ich übersetze den Roman aus **dem Deutschen** in**s Japanische**.
  　　私はその小説をドイツ語から日本語に翻訳する。

◆現在分詞や過去分詞、比較級や最上級も名詞化することが出来る。
  (L12) für **den Gebildeten**　教養ある方（男性・単数・４格）にとって
  Der Reisende fährt nach Venedig.　その旅行者（男性・単数・１格）はヴェニスに行く。
  Er ist **der Beste** in der Klasse.　彼はクラスの首席（男性・単数・１格）だ。

◆中性形は形容詞の示す事物・概念「…のもの／こと」を表す。
中性の変化形は、定冠詞類か無冠詞（ゼロ冠詞）と共に用いられる。複数形は無い。また、不定代名詞 etwas や nichts や不定数詞 viel など（→ S. 54, 65）と同格的に用いられることが多い。

	定冠詞	ゼロ冠詞
1格	das Gute	Gutes
2格	des Guten	–
3格	dem Guten	Gutem
4格	das Gute	Gutes

In der Zeitschrift steht **nichts Neues**.
　その雑誌には何も新しいことは載っていない。

　(L12) **etwas Betäubendes** und **Ablenkendes**　何か麻酔的で人の気を逸らすもの
betäuben+d（現在分詞）、ab‖lenken+d（現在分詞）

副詞的4格・副詞的2格

時や場所などを表す名詞［句］を4格もしくは2格の形にして、前置詞を使わずに副詞転用が出来る。

■副詞的4格

　(L5) **das erste Mal**　初めて
　(L7) **einen Augenblick**　少しの間　　Krabat arbeitet **den ganzen Tag**.　クラバートは一日中働く。
　(L7) **alle paar Schritte**　数歩ごとに　Krabat ist **vierzehn Jahre** alt.　クラバートは14歳だ。

■副詞的2格（決り文句が多い）

　eines Tages　ある日のこと　　　　**schnellen Schrittes**　急ぎ足で
　meines Wissens　私の知る限りでは　**schweren Herzens**　憂鬱な気持ちで
　(L12) Nach Venedig **erster Klasse**!　ヴェニス行き、一等席で！

絶対的4格

文中の他の成分から遊離した形で用いられる。haben や halten などを意味的に補って考えると分りやすい。

　Den Mantel am Arm lief sie aus dem Haus.　コートを手に持って、彼女は家から走り出た。

次の文では haben を補って、Er hatte den Hut schief in der Stirn und einen Zigarettenstummel im Mundwinkel. と考えること。

　(L12) **Den Hut** schief in der Stirn und **einen Zigarettenstummel** im Mundwinkel saß ein Mann hinter einem Tische.
　　額に帽子を斜めにかぶり、たばこの吸いさしを口の端にくわえて、ひとりの男がテーブルの背後に座っていた。

Zum Abschluss　　　　　　　　　　　　　　　　　　　Sprichwörter

単語の構成パターン

外国語を習う際に、文法と並んで重要なのが語彙の習得である。闇雲な暗記ではなく、単語の構成の基本パターンを掴むことが語彙を飛躍的に増やす有効な手段となる。ドイツ語では、一つの単語が他の様々な単語から構成されていることが多い。例えば、名詞 das Ende に関連する単語には、動詞 enden、形容詞 endlich, unendlich, endlos、名詞 die Endung, die Endlichkeit, die Unendlichkeit、非分離動詞 beenden, verenden などがある。

分詞

すべての動詞に**現在分詞**と**過去分詞**が存在し、形容詞としても使用される。ドイツ語では形容詞はそのまま副詞転用可能であるから、分詞は副詞としても使用される。もちろん頭文字を大文字書きすることによって分詞も名詞化することも出来る（→ 形容詞の名詞化　S. 68）。付加語的に使用する際には、当然変化語尾を伴う。

◆分詞のなかで、動詞との関連が薄れたり、由来となる動詞が消滅したりして、純粋な形容詞として意識されるに至ったものを分詞形容詞（例：bekannt, gewöhnt, bedeutend など）と呼ぶ。

■現在分詞（不定詞＋d）

行為・状態が継続中あるいは未完了であることを表す。（sein は seiend、tun は tuend となる）
テキストに出てくる例は、dampfend, durchdringend, kommend, wankend など

■過去分詞（→ 動詞の三基本形　S. 52）

行為の完了を表す。他動詞は受動的な意味、自動詞は能動的完了を表す。
テキストに出てくる例は、angebaut, aufgewachsen, bedient, diskutiert, erhoben, errungen, geboren, geneigt, genötigt, geschenkt, untergebracht, verwandelt, zerrissen など

名詞

■名詞の構成① 動詞の名詞化

動詞の頭文字を大文字書きすることで、その動詞の動作を意味する中性名詞を作ることが出来る。例えば das Essen（食事）という中性名詞は、essen（食事をする）という動詞の頭文字を大文字書きにして中性名詞化したものである。テキストに出てくる例は、das Deuten, das Hereintreten, das Leben, das Leiden, das Niedergleiten, das Schreiben, das Versprechen など。

　　（L8）Ansehen kostet nichts.　　見るのはタダだ。

■名詞の構成② 接尾辞 -ung

この接尾辞を動詞の語幹につけると女性名詞になる。例えば üben（練習する）から die Übung（練習）が出来る。テキスト出てくる例は、die Abfertigung, die Erwartung, die Erzählung, die Ordnung, die Richtung, die Stellung, die Unterhaltung, die Untersuchung, die Verantwortung, die Verwandlung, die Zeichnung など。

■名詞の構成③ 接尾辞 -heit, -keit
この接尾辞を形容詞や分詞（稀に名詞）に付けると女性名詞になる。-keit の方は主に -ig, -lich で終わる形容詞に使用される。テキストに出てくる例は、die Gesundheit, die Vergangenheit, die Einseitigkeit, die Schwierigkeit, die Gelehrsamkeit など。

■名詞の構成④ 名詞の縮小形：接尾辞 -chen, -lein
この接尾辞を付けると「小さくてかわいらしいもの」というニュアンスを付加した名詞の縮小形になる。名詞の性は中性となる（→ S. 51）。例えば、die Rose の縮小形は das Röslein となる。das Mädchen のように、既に独立した単語となっているものもある。

■名詞の構成⑤ 接頭辞 Ge-
名詞の前に付けると、集合名詞になる。例えば、名詞 Schwester（姉妹）から die Geschwister（複数：兄弟姉妹）、der Berg から das Gebirge（山脈）など。

■名詞の構成⑥ 2つもしくはそれ以上の語の結合
ドイツ語は非常に造語能力に富んだ言語であり、語の結合によって新しい商品や概念を表す語を作ることも出来る。名詞が複数組み合わさった場合の名詞の性別は最後尾の単語の性に従う。
名詞と名詞（例：die Hand 手 + der Schuh 靴 = der Handschuh 手袋）、形容詞と名詞（例：groß 大きい + die Stadt 都市 = die Großstadt 大都市）、動詞の語幹＋名詞（例：fahr (fahren) + der Plan 計画表 = der Fahrplan 時刻表）等の組み合わせがある。

die Straße（道路）+ die Bahn（鉄道）= die Straßenbahn（市街電車）
der Halt（停止）+ die Stelle（場所）= die Haltestelle（停留所）
　　　　→ die Straßenbahn + die Haltestelle = Straßenbahnhaltestelle（市街電車の停留所）

＊語と語を結合する際には、die Straßenbahn と die Haltestelle のようにそのまま結合する場合や、der Halt と die Stelle のように e を加える場合や、die Straße と die Bahn のように n（あるいは en）を加える場合がある。
　他に、das Geschäftsgebaren や die Tageszeitung のように -s または -es を加えるものや、das Schuljahr のように、e を脱落させるもの、das Bilderbuch のように er を加えるもの、das Mietshaus のように -e の代わりに -s を付けるものなどがある。

形容詞

■形容詞の構成① 接尾辞 -ig

ドイツ語の形容詞の多くは -ig に終わる。halbjährig（← das Jahr）や eilig（← eilen）など、名詞や動詞の面影をとどめた形容詞もある。テキストに出てくる例は、einseitig, fleckig, nötig, ruhig, rußig など。

■形容詞の構成② 接尾辞 -lich

この接尾辞を名詞・形容詞・動詞の語幹に付けると形容詞になる。例えば der Freund から freundlich、rein から reinlich、bewegen から beweglich が出来る。テキストに出てくる例は、ängstlich, brüderlich, herrlich, persönlich, unterschiedlich; kläglich, verantwortlich, vergnüglich, vertraulich など。

■形容詞の構成③ 接尾辞 -isch

この接尾辞を名詞に付けると形容詞になる。例えば die Moral から moralisch が出来る。例えば amerikanisch, englisch, europäisch, italienisch, japanisch など、国を表す形容詞もこの接尾辞が付く。テキストに出てくる例は、altmodisch, melancholisch, politisch, utopisch など。

■形容詞の構成④ 接尾辞 -bar

主に動詞の語幹に付き、「…され得る、…し得る」という、可能であることを表す形容詞になる。後述の接頭辞の un- と組み合わせると、不可能を表す。例えば、tragen という動詞から、形容詞 tragbar が、さらに形容詞 untragbar が出来る。テキストに出てくる例は、dankbar, undurchführbar など。

■形容詞の構成⑤ 接尾辞 -los

名詞に付き、その名詞が表す事物が無いことを表す。例えば die Heimat（故郷）に -los を付けて出来た形容詞 heimatlos は「故郷の無い、故郷喪失の」を意味する。

■形容詞の構成⑥ 接頭辞 un-

否定・反対を意味する。主に形容詞に付けられる（一部の名詞にも付けることが出来る。例えば die Ordnung → die Unordnung など）。接尾辞 -bar をもった形容詞には全て付けることが出来る。テキストに出てくる例は、unbeweglich, unreinlich など。

■形容詞の構成⑦ 形容詞と他の語の結合

形容詞と他の語を結合して、新しい形容詞を作ることが出来る。形容詞と形容詞（例：dunkel 暗い + rot 赤い = dunkelrot 深紅の）、名詞と形容詞（例：der Schnee 雪 + weiß 白い = schneeweiß 雪のように白い）などの組み合わせがある。

表紙デザイン：DC カンパニー

本文デザイン：mi e ru 渡辺恵

本文イラスト：Georg Sojer（9 ページ）
　　　　　　　中島大作　　（46 ページ）

写真提供：dpa/ 時事通信フォト（25, 33, 35, 37 ページ）
　　　　　Everett Collection/ アフロ（41 ページ）
　　　　　Interfoto/ アフロ（39 ページ）
　　　　　Keystone/ 時事通信フォト（39 ページ）
　　　　　Oliver Praprotnik（表紙）
　　　　　The Kobal/ 時事通信フォト（45 ページ）

ドイツ語を読む　改訂版

| 検印省略 | ⓒ 2014 年 1 月 15 日　初 版 発行
2017 年 1 月 30 日　第 4 刷発行
ⓒ 2019 年 1 月 30 日　改訂版初版発行
2024 年 4 月 25 日　改訂版第 2 刷発行 |

著者　　　Susanne Schermann
　　　　　相原　剣

発行者　　原　雅久

発行所　　株式会社　朝 日 出 版 社
　　　　　〒 101-0065 東京都千代田区西神田 3-3-5
　　　　　電話(03)3239-0271・72（直通）
　　　　　http://www.asahipress.com
　　　　　振替口座　東京　00140-2-46008
　　　　　明昌堂／信毎書籍印刷株式会社

ISBN978-4-255-25417-3 C1084
乱丁、落丁本はお取り替えいたします。
本書の一部あるいは全部を無断で複写複製（撮影・デジタル化を含む）及び転載することは、法律上で認められた場合を除き、禁じられています。

LINE クリエイターズスタンプ 全40種

ドイツ語を話す偉人スタンプ 《訳・読み方付》

ドイツ語を話す偉人たちのスタンプで、
役立つドイツ語のフレーズを覚えましょう。
意味だけでなく、読み方やアクセントも
ひと目でわかります。

https://line.me/S/sticker/1684258

グーテ イデー
Gute Idee!
良い考えだね！
©2017 Asahi Press

増補改訂版 初級者に優しい 独和辞典

今ドイツ人が日常使っている言葉で学ぶ学習辞典

早川東三
伊藤眞
Wilfried Schulte ＝著

B6変型判／750頁／
2色刷／発音カナ表記／
見出し語15,000

定価
[本体2,800円＋税]

独学！わかるぞドイツ語　CD付

これさえあれば独りでドイツ語がマスター出来る！

岡田朝雄＝著　A5判／240頁
定価[本体2,400円＋税]

●目と耳で効率的に学ぶ！

ドイツ語 電子単語帳

基礎約500語を厳選！

無料！

ここからスタート

（株）朝日出版社 第一編集部　〒101-0065 東京都千代田区西神田 3-3-5　TEL：03-3239-0271